W0226180

südwest

Iris Komarek

Bert Feustel

Erfolgscoach

Lebensziele schnell

und effekiv

erreichen

Inhalt

1 Selbstvertrauen & Motivation 6

2 Körper & Geist 28

3 Kommunikation & Beziehungen 42

4 Beruf & Finanzen 60

5 Projekt- & Zeitmanagement 78

Vorwort

Was ist Erfolg eigentlich?

Das Thema Erfolg scheint Sie gerade besonders anzusprechen und wichtig für Sie zu sein – sonst würden Sie dieses Buch wohl kaum in Händen halten. Erfolg ist ein Begriff mit ganz vielen unterschiedlichen Facetten. Je mehr wir darüber nachdenken, umso deutlicher wird: Es gibt nicht DEN Erfolg, sondern viele verschiedene Bedeutungen – je nach Kontext, Lebensphase, Erfahrungen und Umfeld.

Manche assoziieren mit Erfolg vor allem wirtschaftlichen, beruflichen oder gesellschaftlichen Erfolg durch Status. Doch in diesem Buch wollen wir nicht nur diesen Aspekt von Erfolg ansprechen – zumindest nicht in erster Linie und schon gar nicht ausschließlich – sondern auch viele andere Lebensbereiche abdecken.

Wir gehen davon aus: Erfolg ist etwas sehr Persönliches, Subjektives und Individuelles – auch wenn wir uns der gesellschaftlichen Definition von Erfolg sehr wohl bewusst sind. Betrachten wir die Herkunft des Wortes Erfolg, so finden wir die ursprüngliche Bedeutung: Erreichen eines gesetzten Zieles oder die Erfüllung einer Absicht.

Welche Ziele wir uns für unser Leben oder die nächsten Lebensjahre setzen, ist äußerst unterschiedlich: Manche haben das Ziel, viele Kinder und eine glückliche Familie zu haben. Andere haben das Ziel, Freiheit und Unabhängigkeit zu wahren. Wieder andere haben das Ziel, einen Beruf auszuüben, der sie voll und ganz erfüllt, während andere das Ziel haben, über möglichst viel Freizeit zu verfügen. Und manche wollen am liebsten alles gleichzeitig haben!

Erreicht man seine selbst gesteckten Ziele, so ist das ein ganz persönlicher Erfolg, der zu Zufriedenheit und Wohlbefinden im Leben führt. Und genau darin möchten wir Sie mit diesem Buch unterstützen: dass Sie Ihre eigenen Ziele herausfinden und sie Schritt für Schritt erreichen – in allen Lebensbereichen.

Wir wünschen Ihnen viel Spaß mit dem Buch und natürlich viel Erfolg bei der Bearbeitung der verschiedenen Themen.

Lassen Sie sich von uns zum Erfolg coachen und werden Sie aktiv!

Iris Komarek *Bert Feustel*

1 Selbstvertrauen & Motivation

Schon seit einigen Monaten ist Melanie mit ihrer Arbeitssituation nicht zufrieden. Sie arbeitet als Marketing Managerin in einem großen Unternehmen, und obwohl sie sich sehr engagiert und große Leistungsbereitschaft zeigt, hat sie das Gefühl, nicht recht weiterzukommen.

Eigentlich ist ihr Ziel, eine Stelle mit Führungsverantwortung zu übernehmen. Aber immer wieder quälen sie Zweifel.

Je mehr dieser zweifelnden Fragen durch ihren Kopf geistern, desto zaghafter und unsicherer fühlt sie sich. Und schließlich beginnt sie, ihre momentane Situation schönzureden: ist doch eigentlich ganz bequem, da hab ich keinen Stress, mache ich alles wie aus dem Ärmel geschüttelt. Doch zufrieden und erfüllt macht Melanie das nicht, im Gegenteil.

Vielleicht kennen Sie solche oder ähnliche Situationen auch. Sie haben einen Wunsch, ein Ziel, hartnäckig auftauchende Selbstzweifel jedoch verhindern, dass Sie sie verwirklichen. Dabei sind der Glaube an sich selbst, ein gesundes Selbstbewusstsein und gutes Selbstmanagement sowie die Fähigkeit, sich selbst zu motivieren die wichtigsten Voraussetzungen für Erfolg. Genau mit diesen Themen beschäftigen wir uns im ersten Kapitel.

Glauben Sie an sich!

Der Glaube an sich selbst, an die eigene Leistungsfähigkeit, an den Erfolg und die eigenen Fähigkeiten sind das beste Rüstzeug auf dem Weg zum selbst gesteckten Ziel. Jeder von uns hat Überzeugungen in Bezug auf sich selbst und auf andere. Sogar enorm viele. Manche davon sind förderlich, andere hinderlich. Allen gemeinsam ist jedoch, dass sie großen Einfluss auf unsere Wahrnehmung und auf unser Handeln haben.

☆ Auseinandersetzung mit Überzeugungen

Leider haben nicht alle Menschen positive Überzeugungen in ihrem Leben entwickeln können. Es ist jedoch sehr wichtig, sich mit diesen auseinanderzusetzen. Die folgenden Schritte unterstützen Sie dabei.

1 Eigene Überzeugungen erkennen

Meist brauchen wir uns nur selbst zuzuhören, wenn wir in Gedanken mit uns sprechen: Hinweise auf Überzeugungen sind Sätze, die „ich sollte...“, „ich muss...“ oder „ich glaube, ...“ enthalten. Aber auch bei Ursache-Wirkungs-Formulierungen werden Überzeugungen offensichtlich: „Wenn ich fleißig bin, dann werde ich erfolgreich.“ Oder bei Verallgemeinerungen: „Alle Sportler sind doof“. Achten Sie in den nächsten Tagen ganz bewusst darauf, wie Sie über Situationen, andere Menschen, Gegebenheiten und sich selbst denken. Überschlagen Sie im Kopf: Sind Ihre Gedanken, Ihre Einstellungen eher negativ oder positiv? Denken Sie eher in Kategorien „Ich kann das nicht“, „Andere sind viel besser“, oder eher „Ich kann das“, „Ich bin gut“? Nach einer Weile werden Sie ein gutes Gefühl dafür bekommen, wie stark Ihr Glaube an sich ist.

2 Erspüren Sie die Unterschiede

Wählen Sie einen Bereich Ihres Lebens, mit dem Sie sehr zufrieden sind. Das kann Kindererziehung sein, der Beruf, ein bestimmtes Hobby. Notieren Sie alle Überzeugungen, die Ihnen in diesem Zusammenhang durch den Kopf gehen. Machen Sie sich bewusst, wie sich das anfühlt, wie Ihre Körperhaltung dazu ist und welcher Art andere damit zusammenhängende Gedanken sind. Suchen Sie sich nun ein Thema in Ihrem Leben aus, wo es nicht so gut läuft, wie Sie es sich wünschen.

Notieren Sie auch hier die Überzeugungen und ihre Auswirkungen auf Ihre Emo-tionen, Körpergefühl und Körperhaltung. Vergleichen Sie die Ergebnisse, und es wird schnell klar, wie wichtig es ist, an sich selbst zu glauben, bei Rückschlägen sofort nach vorne zu schauen und niemals aufzugeben.

3 Hinderliche Überzeugungen loswerden

Nehmen Sie sich eine Ihrer hinderlichen Überzeugungen vor. Das könnte z.B. der Satz sein: „Ich kann nicht vor anderen Menschen sprechen." Überlegen Sie sich nun mindestens drei Beispiele aus der Vergangenheit, in denen diese Überzeugung nicht stimmt. Sagen Sie sich noch einmal innerlich oder sogar laut den hinderlichen Satz. Und stellen Sie sich dann ganz lebhaft die 3 Gegenbeispiele vor, mehrfach, bis der Satz nicht mehr stimmt. Formulieren Sie sich nun Ihre neue, bessere Überzeugung. Glauben sie daran!

Das kann z.B. eine Situation in einem Meeting gewesen sein oder auf einem Elternabend in der Schule Ihres Kindes oder auf der Geburtstagsfeier Ihrer Freundin.

Sie werden immer wieder Situationen finden, in denen Ihre Überzeugung nicht stimmt. Glauben Sie daran.

Tipps zur besseren Umsetzung

Sie haben bereits die Überzeugungen herausgefunden, die Sie fördern und positiv beeinflussen. Sagen Sie sich diese immer wieder innerlich vor oder schreiben Sie sie auf und kleben Sie sie an Ihren Computerbildschirm oder an den Spiegel in der Toilette. Finden Sie für jede hinderliche Überzeugung eine, die genau das Gegenteil aussagt. Aus „Ich schaffe das nicht" wird ein „Ich kann das schaffen." Gehen Sie systematisch alle Überzeugungen durch und erlauben Sie nur noch positive Sätze. Verstärken Sie die Wirkung, indem Sie dazu auch noch die Körperhaltung einnehmen, wie Sie sie automatisch bei den positiven Überzeugungen haben.

Positives Denken führt zu Erfolg

„Ich kann!" sollten Sie so oft wie möglich in Ihrem Wortschatz verwenden, denn die persönliche Einstellung zu sich selbst hat eine große Wirkung darauf, ob Sie Ihre Ziele erreichen. „Ich habe immer daran geglaubt" ist ein Satz, den erfolgreiche Menschen ungewöhnlich oft sagen. Natürlich hat jeder von ihnen eine andere Vorstellung von Erfolg im Kopf. Allen gemeinsam ist jedoch, dass sie sich ein Ziel gesetzt haben und von Anfang an der Überzeugung sind, dass sie dieses Ziel erreichen werden.

Überzeugungen sind Verallgemeinerungen, die wir über die Welt, über uns selbst, über unsere Fähigkeiten oder andere Personen machen. Überzeugungen können schwach oder stark ausgeprägt sein, können fördernd oder aber einschränkend sein.

Beispiele für fördernde Überzeugungen sind z. B.: „Ich kann das!", „Das schaffe ich!", „Ich kann gut mit Menschen umgehen!", „Ich werde den Konflikt lösen können!", „Wenn ich mich konzentriere, kann ich viel leisten!", „Die Prüfung werde ich locker hinkriegen!", „Die Menschen mögen mich!", „Ich habe eine gute Ausstrahlung!"

Wie ich denke – so handle ich

Allerdings können Überzeugungen auch einschränken und in der persönlichen Entfaltung behindern. Viele Menschen entwickeln im Laufe ihres Lebens eine ganze Reihe von Überzeugungen, die hinderlich sind: „Ich kann das nicht", „Ich muss perfekt sein", „Ich bin zu unsportlich", „Ich muss immer volle Leistung bringen", „Meine Familie raubt mir jede Freiheit", „Ich werde nie befördert werden", „Was man einmal angefangen hat, muss man auch zu Ende bringen".

Betrachtet man diese Überzeugungen – die man natürlich unendlich erweitern könnte –, so wird schnell klar, welche Auswirkungen sie auf die Wahrnehmung der Umwelt, auf die Interpretation und Verarbeitung von Informationen, auf das Selbstbild und auch auf das eigene Verhalten haben.

Eine bessere Ausgangsposition

Jemand, der davon träumt sich mit einem kleinen Geschäft selbstständig zu machen und die innere Überzeugung hat „Wenn ich mir etwas vornehme, dann schaffe ich das auch!" ist in einer viel besseren Ausgangssituation als ein anderer, der die Einstellung hat: „Ich werde mich zwar anstrengen, aber ich fürchte, dass es doch wieder nicht klappt, weil es einfach zu schwierig ist, Fuß zu fassen“. Derjenige mit der positiven Einstellung „Ich werde das bestimmt schaffen“, wird es mit aller Wahrscheinlichkeit auch tatsächlich erreichen.

Überzeugungen beziehen sich nicht nur auf einen selbst oder auf die eigenen Fähigkeiten, sondern auch auf andere Menschen, und das wiederum beeinflusst das eigene Verhalten in Bezug auf diese anderen Menschen.

Wenn Sie glauben, dass ein bestimmter Kollege oder Nachbar Ihnen wohlgesonnen ist, dann verhalten Sie sich ihm gegenüber sicher anders, als wenn Sie glauben, dass er Ihnen gegenüber feindlich eingestellt ist. Und dies wiederum hat Einfluss auf dessen Verhalten Ihnen gegenüber und so fort.

Wer an sich glaubt, erreicht seine Ziele

Für den persönlichen Erfolg ist eine bestimmte Form von Überzeugungen am wichtigsten: die Zielerwartungsüberzeugung, d.h. der Glaube, dass man ein Ziel erreichen kann oder wird. Das beinhaltet auch, dass man überzeugt ist, dass man selbst alle Ressourcen dafür entweder schon hat oder sie sich selbst beschaffen kann. Der Zielerwartungsglaubenssatz ist sehr wichtig für die erfolgreiche Umsetzung von kleinen oder großen Vorhaben. Nur wer den Glauben an sich und die eigenen Fähigkeiten hat, wird erfolgreich sein. Glauben Sie an sich, sagen Sie sich immer „Ich kann“ und haben Sie ein positives Bild auch von Ihren Mitmenschen – dann werden Sie Ihre Ziele erreichen.

Seien Sie sich bewusst: Niemand ist so überzeugend wie Sie selbst. Glauben Sie an sich und sprechen Sie sich immer wieder Mut zu – dann werden Sie Ihre Ziele erreichen!

BASICS

- Werden Sie sich Ihrer Überzeugungen bewusst, indem Sie auf Ihre Wortwahl achten.
- Spüren Sie Überzeugungen in Lebensbereichen, mit denen Sie zufrieden und mit denen Sie unzufrieden sind.
- Ändern Sie negative Überzeugungen, indem Sie Gegenbeispiele finden.
- Glauben Sie an sich und finden Sie positive Überzeugungen.

Steigern Sie Ihr Selbstbewusstsein!

Wenn Sie eine Person voller Selbstvertrauen und Selbstsicherheit sind, so haben Sie eine ganz besondere Ausstrahlung, die nur schwer in Worte zu fassen ist. Was Sie sagen, scheint Hand und Fuß zu haben, man kann Ihnen vertrauen, Sie wirken mitreißend, überzeugend, kompetent. Das, was Sie also vermitteln möchten, kommt besser bei den Menschen an – unabhängig vom Inhalt. Auch Sie selbst fühlen sich einfach besser, überzeugter und sicherer. Kritische Zwischenfragen werfen Sie nicht aus dem Konzept, sondern regen Sie zum Nachdenken und Recherchieren an.

☆ Training für das Selbstbewusstsein

Selbstbewusstsein ist die Fähigkeit, sich selbst positiv, fähig, wertvoll, kompetent und respektvoll wahrzunehmen. Diese Fähigkeit variiert bei den meisten Menschen je nach Kontext. In manchen Situationen ist das Selbstvertrauen hoch, in einigen jedoch ist es wie weggeblasen, z. B. auf der Bank oder in einem Meeting oder bei den Eltern. Aber auch diese Fähigkeit kann man trainieren.

1 Achten Sie auf Ihren inneren Kommentator

Schreiben Sie auf, in welchen Situationen Sie gerne mehr Selbstvertrauen hätten. Vergegenwärtigen Sie sich eine dieser Situationen: Was sehen Sie? Was fühlen Sie? Was hören Sie? Achten Sie jetzt ganz besonders auf Ihren inneren Dialog. Diese innere, an sich selbst gerichtete Stimme hat jeder von uns. Sagt sie: „Das werde ich bestimmt wieder nicht schaffen“ oder „Die anderen werden mich wieder so abschätzig betrachten“ oder „Die finden mich bestimmt nicht kompetent“? Das sind innere Kommentare, die eine starke (negative) Wirkung auf unseren Zustand haben.

2 Sprechen Sie gut über sich

Nutzen Sie dieses Potenzial nun positiv, indem Sie ab jetzt nur noch gut über sich reden: „Das schaff ich schon“ oder „Die sollen schauen, wie sie wollen, ich bin gut“ oder „Wer nicht erkennt, dass ich kompetent bin, der ist selbst schuld.“ Je geringer Ihr Selbstbewusstsein ist, desto rigider sollten Ihre inneren Kommentierungen sein. Trauen Sie sich einfach.

3 Machen Sie sich groß und die anderen klein

Vielleicht kennen Sie das auch: In der Gegenwart mancher Menschen schrumpfen wir plötzlich und ohne Vorankündigung in uns zusammen, wir fühlen uns klein und hilflos, während der andere immer größer und mächtiger wird. Starten Sie ein Gegenprogramm: Stellen Sie sich den anderen in einer für ihn peinlichen Situation vor, kommentieren Sie die Person innerlich, indem Sie etwas sagen wie: „Ach, die Arme, die muss sich so aufspielen.“ Denken Sie daran, dass selbst der kompetenteste Professor oder Leiter von irgendwas nur ein Mensch mit Schwächen ist.

Machen Sie sich selbst zugleich größer, indem Sie sich buchstäblich aufrichten und sich groß denken: Rufen Sie sich in Erinnerung, was Sie schon alles geleistet und erreicht haben. Bereiten Sie solche Gedanken schon vor, damit Sie sie sofort parat haben, wenn es nötig ist.

4 Nehmen Sie eine selbstbewusste Körperhaltung ein

Selbstbewusste Menschen sitzen oder stehen aufrecht, haben eine leicht erhobene Kopfhaltung und stehen mit beiden Beinen sicher auf dem Boden. Bewegungen von Armen, Beinen und Augen sind ruhig. Auch die Sprache ist eher gleichmäßig und ruhig, also: nicht schnell, hastig oder sprudelnd. Üben Sie diese selbstbewusste Haltung mehrmals vor dem Spiegel. Nehmen Sie eine Woche lang täglich ganz bewusst diese Haltung ein. Je öfter Sie dies üben, desto leichter fällt es Ihnen in den kritischen Situationen. Sie werden schnell merken, dass alleine diese Veränderung der Körperhaltung dazu beiträgt, dass Sie sich sicherer fühlen.

Das „Heft der Erfolge“

Besorgen Sie sich ein kleines Heftchen und notieren Sie jeden Tag mindestens zwei bis drei Dinge, die Ihnen gelungen sind oder die Ihnen an sich selbst gefallen. Das „zwingt“ Sie, positiv über sich zu denken, und Sie bekommen einen Überblick über Ihre täglichen kleinen und großen Erfolge.

Wie ich über mich denke, so bin ich!

Menschen mit geringem Selbstwertgefühl neigen in der Regel dazu, immer zuerst die Schuld bei sich selbst zu suchen und eigene Leistungen oder Verdienste anderen zuzuschreiben. Sie halten sich lieber im Hintergrund und denken oft darüber nach, wie andere sie wohl wahrnehmen. Sie können nur schlecht „Nein!" sagen und gehen auch nur ungern ein Risiko in der Arbeit ein. Diese Verhaltens- und Denkweisen können je nach Kontext unterschiedlich stark sein. Manche leiden nur in bestimmten beruflichen Situationen unter mangelndem Selbstwertgefühl, andere z. B. nur beim Sport.

Die sich selbst erfüllende Prophezeiung

Oftmals erleben Menschen diesen Zustand als sehr ausweglos und finden immer wieder Bestätigung und Rechtfertigung für ihr mangelndes Selbstbewusstsein. Sie sitzen in einem Prozess fest, der sich „Teufelskreis der sich selbst erfüllenden Prophezeiung" nennt. Das bedeutet, dass sich aufgrund mehrerer oder auch einer einzigen Erfahrung eine negative Einstellung über sich, z. B. „Ich kann das einfach nicht" oder über die anderen, z. B. „Die mögen mich nicht" im Kopf breitmacht. Diese Einstellung führt dazu, dass man ein entsprechend unsicheres Verhalten an den Tag legt und Fehler macht, z. B. etwas verwechselt, sich verspricht, nur stammelt statt spricht usw. Das nehmen die anderen natürlich wahr und lassen ihre negative Beurteilung und Einschätzung spüren. Das Verhalten wird also als Misserfolg erlebt und verstärkt die negative Einstellung weiter. Dies wiederum führt zu noch größerer Unsicherheit usw.

Wege aus dem Teufelskreis

Denken Sie an eine der Situationen, die Ihrer Meinung nach zu dem mangelnden Selbstbewusstsein in diesem Bereich geführt haben könnte. Bei den meisten wäre so ein Vorfall fünf Minuten danach vergessen, Ihnen hängt er jedoch noch fünf Jahre später nach.

Machen Sie eine Anekdote daraus

Vergegenwärtigen Sie sich diese Situation noch einmal und überlegen Sie sich, wie Sie diese als witzige Anekdote aus Ihrem Arbeitsleben Ihren Freunden erzählen.

Die Chance begreifen

Eine andere Möglichkeit, diese Situation im Nachhinein zu entschärfen, ist, die Einstellung

„Ich mache nie Fehler, sondern erzeuge nur Lernchancen" anzunehmen. Das bedeutet, dass zwar einmal was schiefgelaufen ist, aber daraus habe ich gelernt, meine Sachen noch einmal vorher durchzugehen.

Abstand gewinnen

Betrachten Sie die damalige Situation wie von einem Stern aus – mit großem Abstand. Betrachten Sie sie wie ein Bild oder einen Film aus einer anderen Zeit. Vielleicht machen Sie diese Erinnerung einfach schwarzweiß oder lassen Sie sie auf Briefmarken-Größe zusammenschrumpfen. Sie werden merken, dass dies bewirkt, dass Sie diese Situation nicht mehr so stark berührt.

Sobald diese Situation entschärft ist, und Sie die Übungen zur Stärkung Ihres Selbstbewusstseins gemacht haben, können Sie in die nächste, ähnliche Situation mit einem guten Gefühl gehen. Dies führt zu einem sichereren, engagierteren Auftreten, das wiederum für positive Bewertungen sorgt und Ihnen einen Erfolg beschert, der die einstmals negative Einstellung in eine positive verwandelt. Es ist nie zu spät, für eine schöne Vergangenheit zu sorgen!

Jede Erfahrung in der Vergangenheit kann mit einer neuen positiven oder neutralen Bedeutung belegt werden. Denn keine Erfahrung hat eine objektive Bedeutung, sondern sie bekommt sie erst durch unsere Interpretation. Nutzen Sie die Chance und verändern Sie sie zu Ihren Gunsten.

BASICS

- Achten Sie darauf, in welcher Situation Sie selbst nicht an sich glauben.
- Bauen Sie Ihr Selbstbewusstsein mit positiven Kommentaren über sich selbst auf.
- Denken Sie daran, was Sie schon alles geleistet/erreicht haben, wenn Sie sich klein fühlen.
- Sitzen und stehen Sie immer aufrecht.
- Üben Sie immer wieder ruhiges, überlegtes Sprechen.
- Hören Sie auf, schlecht von sich zu denken.
- Arbeiten Sie Situationen, in denen Sie ein geringes Selbstwertgefühl hatten auf.

Verbessern Sie Ihr Selbstmanagement!

Unter Selbstmanagement versteht man die Fähigkeit, gut mit negativem Stress, Druck und hohen Anforderungen klarzukommen, unangenehmen Situationen gewachsen zu sein, angemessen mit seinen Gefühlen umgehen zu können und sich selbst gut im Griff zu haben. Gutes Selbstmanagement schont Ihre Nerven!

Bleiben Sie der Chef über Ihre Emotionen

Selbst in sehr stressigen Phasen, in denen Sie üblicherweise „in die Luft gehen“ oder von unliebsamen Emotionen mitgerissen werden, können Sie mit ein paar wenigen Tricks Chef über sich selbst bleiben und entscheiden, wann Sie wie viele Gefühle erleben und zeigen wollen.

1 Schaffen Sie Distanz

Wenn Sie mit unangenehmen Situationen bzw. einer schwierigen Aufgabe konfrontiert sind, sollten Sie möglichst rasch Abstand gewinnen. Machen Sie sich zum unbeteiligten Zuschauer, der unbehindert von starken Gefühlen beobachtet und analysiert. Atmen Sie tief durch und tun Sie so als ob Sie einen Film im Fernsehen anschauen würden. Das fällt oft leichter, wenn man schriftlich das Problem festhält, mögliche Lösungen sowie die dazu benötigten Mittel und die erforderliche Zeit erarbeitet. Die schriftliche Aufarbeitung eines Problems bringt Sie auf eine sachliche Ebene, von der aus es einfacher ist, einer Lösung näher zu kommen, als wenn Ihr Gedankenfluss ständig von Ängsten, Ärger, Unsicherheit und anderen negativen Gefühlen blockiert wird.

2 Nehmen Sie das „Happy End“ vorweg

Erleben Sie innerlich das Problem im Rückblick, indem Sie eine Geschichte daraus machen, die sich vor etlichen Jahren zugetragen hat. Stellen Sie sich vor, dass Sie Bekannten davon erzählen – einschließlich der Lösung des damals so gewichtigen Problems. Durch dieses Manöver werden Ihre mit der Sache verbundenen Gefühle auf eine angemessene Temperatur „heruntergekühlt“ – so wie man beim Gedanken an seine erste Liebe sich zwar noch an das damalige Herzklopfen erinnert, aber es nicht mehr fühlt. Aus der Perspektive des Rückblicks erkennen Sie auch, dass jedes Problem eine Lösung findet oder sich selbst erledigt, was Ihnen den nötigen Optimismus gibt, auf die gegenwärtige Situation sachlich und geschickt zu reagieren.

3 Nehmen Sie Haltung an

Durch unsere Körperhaltung drücken wir unseren inneren Zustand aus. Aber es stimmt auch umgekehrt – wie wir uns halten, hat großen Einfluss auf unsere innere Verfassung. Wer gebückt dahockt und den Kopf hängen lässt, signalisiert sich selbst und der Umwelt: „Es ist einfach zum Verzweifeln!“

Sich bewusst aufzurichten, den Kopf gerade zu halten und den Blick leicht nach oben zu richten ist dagegen ein gutes Rezept, um negative Emotionen in den Griff zu bekommen und anstehende Probleme mit Mut und Optimismus anzugehen.

4 Geraten Sie außer sich

Damit ist nicht gemeint, dass Sie in die Luft gehen, sondern dass Sie sich selbst aus gehöriger Distanz beobachten. Stellen Sie sich vor, Sie drehen als Kameramann einen Film über das akute Problem mit sich selbst als einem der Akteure. Schauen Sie aus dieser Perspektive dabei zu, wie Sie schließlich die problematische Situation lösen.

Sie werden verblüfft sein, wie viel Nüchternheit und Klarheit dieser einfache Trick bewirkt, der Sie von aufgewühlten Emotionen distanziert und Sie wieder zum Herrn der Lage macht.

Ein wenig Ablenkung hilft

Wenn Sie sich völlig „festgebissen“ haben an einem Problem, nur noch im Kreis herumgrübeln, ohne einer Lösung näher zu kommen, hilft manchmal einfach Ablenkung: Sprechen Sie mit Freunden über ein ganz anderes Thema, gehen Sie ins Kino oder zum Sport, gönnen Sie sich etwas Gutes, das Ihre ganze Aufmerksamkeit in Anspruch nimmt. So tanken Sie wieder positive Energie und entrinnen dem Teufelskreis festgefahrener Gefühle – nur darf aus dem Ausweichmanöver keine Dauerflucht werden!

Jeder ist für sich selbst verantwortlich

Zufriedene und glückliche Menschen haben eines gemeinsam: Sie sind der festen Überzeugung, dass nicht andere Menschen oder die Umstände oder die Umwelt für das eigene Wohlbefinden zuständig sind, sondern dass jeder für sich selbst verantwortlich ist.

Natürlich gibt es Zeiten oder Lebensphasen, in denen alles zusammenzukommen scheint: Die Frau hat großen Ärger in der Arbeit, der Schwiegervater wird krank und will betreut werden, die Kinder haben Stress in der Schule und zu allem Überfluss streikt auch noch die Waschmaschine. Hier gibt es in der Regel zwei grundsätzliche Reaktionsmuster.

1. Man versinkt im Frust

Man fühlt sich überfordert, gestresst, verärgert und hilflos. Man fragt sich: „Warum muss das immer mir passieren, wie konnte es nur schon wieder dazu kommen?“ Man geht mit Unlust, Frustration und einer guten Portion Selbstmitleid an die Beseitigung der Probleme heran und wundert sich, dass es einem selbst nicht gut geht dabei und alles so mühsam ist.

2. Man nimmt die Herausforderung an

Die zweite Möglichkeit ist: Man ärgert sich (ganz menschlich) zunächst über die Vorkommnisse, betrachtet danach aber die Situation aus einer Haltung der sachlichen Distanz heraus, analysiert das Problem, sucht nach einer passenden Lösungsstrategie und setzt sie mit Kraft und Energie um. Manche schaffen es sogar, solche Lebensphasen als besondere Herausforderung zu betrachten, an der man innerlich wachsen kann.

Ob man eher auf die eine oder andere Art auf Probleme des täglichen Lebens reagiert, ist kein genetisch bedingtes Muss, sondern eine Gewohnheit, die wir uns irgendwann angeeignet haben. Das Gute an Gewohnheiten ist: Günstige vereinfachen das Leben und ungünstige kann man ändern.

Halten Sie ressourcevolle Zustände fest

Mit Ressourcen meinen wir hier positive Gemütsverfassungen, die Sie stärken. Jeder erlebt Situationen, in denen er sich z.B. zupackend, optimistisch, energiegeladen, ausgeglichen fühlt und auch entsprechend handelt. Die bewusste Erinnerung an solche Situationen kann ein noch wirksameres Mittel sein, mit einem anstehenden Problem fertig zu werden als die bisher besprochenen Gegenmaßnahmen für Zustände voll negativer Emotionen.

Suchen Sie in Ihrer Vergangenheit eine Situation, in der Sie voll innerer Stärke waren, etwas hervorragend gemeistert haben, kurz: in der Sie sehr ressourcevoll waren. Schwelgen Sie sehr ausführlich in dieser Situation und rufen Sie sich jedes Detail in Erinnerung. Wenn es Ihnen gelungen ist, sich noch einmal ganz darin einzuleben, setzen Sie ein Zeichen, dass Ihnen in Zukunft helfen soll, diese Situation mitsamt Ihrem damaligen positiven inneren Zustand ganz schnell abzurufen. Dies Zeichen kann eine Geste, eine bildliche Vorstellung, ein Ausspruch oder nur ein Wort sein. Wann immer Sie in Zukunft schnell in einen ressourcevollen Zustand gelangen möchten, rufen Sie sich das Zeichen, das Bild oder das Wort in Erinnerung und Sie werden ganz schnell in einen Zustand der Gelassenheit oder des Selbstbewusstseins kommen.

Motivierende innere Kommentare

Der innere Dialog, die innere Stimme hat einen entscheidenden Einfluss darauf, wie wir uns fühlen. Für ein gutes Selbstmanagement ist es äußerst nützlich, die problematischen Situationen günstig zu kommentieren. Wer sich selbst niedermacht, in dem er sich sagt: „Oh nein, nicht schon wieder ich, das halte ich nicht mehr aus, ich schaff das einfach nicht mehr, ich kann das nicht mehr“, der wird sich immer weiter in einen schlechten Zustand hineinreden. Wer dagegen einen guten inneren Kommentator hat, der kommt viel besser klar: „Aha, interessant, hier sehen wir eine neue Aufgabe und eine neue Herausforderung, die ich jetzt lösen werde, mal sehen, wie schnell ich damit fertig bin.“

Probieren Sie die verschiedenen Möglichkeiten immer wieder aus – Sie werden sehr bald in der Lage sein, gut mit unangenehmen Situationen, Druck und Stress umzugehen.

BASICS

- Nehmen Sie innerlich Abstand.
- Benennen und lösen Sie Probleme schriftlich.
- Lenken Sie sich ab, um Energie zu gewinnen.
- Übernehmen Sie Verantwortung für Ihr Leben.
- Nutzen Sie die Kraft von positiven Erinnerungen.

Inspirierende Lebensräume schaffen

Werfen Sie Ballast ab! Vermutlich haben auch Sie im Laufe von Jahren Dinge angehäuft, gesammelt und aufbewahrt, die Sie weder benutzen, mögen noch wirklich brauchen. Eigentlich sind sie nur eine Belastung: Sie müssen gepflegt, gesäubert, umgeräumt werden, stehen im Weg herum und nehmen Platz weg. Machen Sie es sich zu Hause gemütlich und genießen Sie die schöne und aufgeräumte Atmosphäre mit allen Sinnen. Sie werden bald merken, wie sehr Sie dadurch zu positiver Veränderung inspiriert werden.

☆ Lassen Sie Belastendes los und probieren Sie Neues aus!

Meist ist nur der Anfang schwer, wenn man noch glaubt, sein Herz würde an so vielen Dingen hängen. Doch wenn Sie die ersten Schritte getan haben und das Ausmisten zu einer gewissen Routine im Alltag geworden ist, werden Sie es nicht mehr missen wollen. Am besten beginnen Sie noch heute!

1 Misten Sie konsequent aus

Ein guter Startpunkt ist der Kleiderschrank: Geben Sie alles weg, was Sie schon seit einem Jahr nicht mehr getragen haben. Sind Sie sich bei einzelnen Sachen nicht sicher, dann verpacken Sie sie in einen Umzugskarton, datieren Sie ihn, stellen Sie ihn in den Keller und werfen Sie die Kleider nach spätestens zwölf Monaten endgültig weg. Als Faustregel gilt: mehr als ein Umzugskarton mit Kleidung ist nicht erlaubt.

Sollten Sie Skrupel haben, Sachen einfach wegzuwerfen, dann können Sie Kartons packen und gegen Ende eines Flohmarkttages an einer Ecke abstellen. Sie werden sehen, innerhalb kürzester Zeit finden sich eine ganze Reihe von Menschen, die sich über die Sachen freuen. Und Sie können mit einem guten Gefühl weiter ausmisten.

2 Machen Sie jeden Tag ein Stück weiter

Räumen Sie nach und nach Küchenschränke, Bücherregale, Kommoden und Schubladen auf. Wenn Sie konsequent dabei bleiben, werden Sie in wenigen Wochen befreit sein von altem Ballast und können durchatmen in einer neuen, inspirierenden Atmosphäre.

3 Wagen Sie einige Umgestaltungen

Wer in seinem Leben etwas verändern und umgestalten möchte, der kann gleich in seiner eigenen Umgebung beginnen. Bringen Sie frischen Wind in Ihre vier Wände und verändern Sie etwas: Stellen Sie den Schreibtisch um, streichen Sie an, tauschen Sie komplett ein Zimmer aus oder ändern Sie nur die Sitzrichtung Ihres Sofas.

Es ist äußerst nützlich, eine Entsprechung für die innere Haltung in den äußeren Umständen zu finden, denn es wird Sie in einen Zustand der Aufbruchstimmung, des Wagemuts und der Flexibilität versetzen. Nutzen Sie diese positiven Energien für andere positive Veränderungen.

4 Gerümpelecken in Paradeplätze verwandeln

Jeder hat sie – Nischen hinter Türen oder unter Treppen, finstere Ecken oder ganze Räume, in denen sich unansehnlicher Kram stapelt, der für irgendwelche Anlässe aufbewahrt wird, die sich niemals ergeben. Mit der Zeit hat man sich so an den Anblick des Gerümpels gewöhnt, dass man kaum noch wahrnimmt, wie hässlich es aussieht und wie viel Platz es wegnimmt. Vielleicht kommen Ihnen schon beim Ausmisten solcher Ecken Ideen, wie Sie gerade solche Plätze künftig in kleine Schmuckstücke Ihrer Wohnung verwandeln könnten.

Stellen Sie dort einen Ziergegenstand oder eine Pflanze auf, deren Anblick Sie erfreut, richten Sie sich eine persönliche Wohlfühl-Ecke ein oder bringen Sie absolut Unentbehrliches in einem neu eingebauten Schrank oder hinter einer spanischen Wand unter. Denken Sie daran, das Ihre geistige Verfassung durch das, was das Auge sieht, beeinflusst wird. Gestalten Sie sich Ihre Umwelt entsprechend!

Platz für Neues

Machen Sie sich künftig zur Devise: Für jedes Neue kommt etwas Altes weg. So verhindern Sie wirksam, dass Ihre Umgebung in kürzester Zeit wieder ein Sammelplatz für unnützen Ballast wird. Vor Neuanschaffungen immer überlegen: „Will ich das wirklich haben, und welchen anderen Gegenstand will ich dafür weggeben?“

Der Trend geht in die eigenen vier Wände

Seit der Jahrtausendwende verzeichnen Sozialforschungsinstitute einen gesellschaftlichen Trend, den sie Cocooning nennen. Damit ist der Rückzug in die eigenen vier Wände und die zunehmende Bedeutung eines individuellen Zuhauses gemeint. Der Boom von Geschäften mit ausgesuchten Wohnaccessoires, Do-It-Yourself-Sendungen im Fernsehen und Feng-Shui-Ratgebern zeigt, dass dieser Trend weiter anhält.

Wie ist das bei Ihnen? Fühlen Sie sich wohl in Ihrem Haus? Stellt es für Sie einen Ort der Ruhe, Entspannung, Ablenkung, Freude und Inspiration dar? Gehen Sie durch Ihre gesamte Wohnung – am besten mit Block und Stift – und machen Sie eine Bestandsaufnahme: Wo fühlen Sie sich wohl, mit welchem Zimmer sind Sie voll und ganz zufrieden? In welchen Zimmern müssten Sie was anpacken?

Geist, Körper und Umwelt beeinflussen sich gegenseitig

Natürlich sind Stimmungen auch sehr stark von den Menschen, mit denen Sie zusammenleben abhängig, aber wir wissen auch, dass die innere Befindlichkeit eine äußere Entsprechung findet – und umgekehrt.

Tatsächlich kann das wohnliche Umfeld als Messinstrument für Ihren eigenen Zustand betrachtet werden. Menschen, denen im Moment alles über den Kopf wächst, die gestresst und unzufrieden sind, die sich ausgebrannt und ausgelaugt fühlen, kümmern sich auch nicht mehr so gut um ihre eigenen vier Wände. Viele Patienten mit immer wiederkehrendem Burn-Out-Syndrom sagen, sie würden am Zustand ihrer Wohnung erkennen, wann es „mal wieder so weit" ist. Ist die Wohnung unaufgeräumt, türmt sich über Wochen das Geschirr in der Küche oder die Wäsche im Badezimmer? Dann ist es Zeit, sich mal wieder zurückzunehmen und einen Blick nach innen zu werfen.

Der äußere Rahmen für ein ausgeglichenes Inneres

Ähnlich wie die Körperhaltung drückt auch die Wohnumgebung unsere Verfassung aus und beeinflusst diese nachhaltig. Ob Sie in einem winzigen Appartment oder einer großen Villa wohnen: Die Gestaltung (oder das Chaos!) Ihrer Wohnung spiegelt einerseits Ihre Persönlichkeit, hat andererseits aber auch Wirkung auf Ihr ganzes Lebensgefühl. Gestalten Sie Ihren Wohn- und Lebensraum ganz bewusst, denn wie und wo wir wohnen übt nachweislich einen Einfluss auf unser Wohlbefinden aus – viele Unternehmen haben das längst entdeckt und gestalten Büroräume so, dass sich das Leistungspotenzial der Mitarbeiter voll entfalten kann.

Sie werden schon bald merken, wie Ihre Umgebung immer schöner und ansprechender wird und wieder Luft zum Atmen zulässt. Phantasie und Inspiration lassen sich durch die Umgebung planen und gestalten, ebenso Gemütszustände. Seien Sie kreativ.

Und noch etwas: Gestalten hat nicht unbedingt etwas mit Geld zu tun ...

Dekorationen für die Lebensphasen

Nicht jede Zeit in Ihrem Leben ist gleich. Manchmal ist Ihr Alltag von viel Arbeit, vielen Aufgaben und Anforderungen geprägt. Dann folgt wieder eine Phase, in der es ruhiger und entspannter zugeht. Um diesen Abschnitten einen äußeren Rahmen zu geben, können Sie Ihre Wohnung bzw. Ihr Haus ganz bewusst in einer bestimmten Weise dekorieren.

Viele Rottöne von Wohnaccessoires, wie z.B. Vasen, Kerzen, Decken, Bilder, können die Energie und Kraft widerspiegeln. Wenn eine Zeit der Ruhe und Entspannung ins Haus steht, wechseln Sie zu Grün- oder Blautönen. Das unterstützt Sie darin, Lebensphasen bewusst wahrzunehmen und zu begrenzen.

Behalten Sie Ihre Umgebung immer wachsam im Blick, denn sie sagt Ihnen viel über Ihre momentane Gemütsverfassung. Nehmen Sie Warnzeichen wie Stapelecken etc. ernst und befreien Sie sich schnell wieder von ihnen. Ebenso können Sie durch eine bewusste Gestaltung der Wohnatmosphäre maßgeblich Ihr Wohlbefinden beeinflussen.

BASICS

- Setzen Sie Energien frei durch die Veränderung Ihres Wohnumfeldes.
- Verschenken Sie alles für Sie Unbrauchbare oder werfen Sie es weg.
- Misten Sie konsequent aus.
- Beseitigen Sie „Kram-Ecken“.
- Denken Sie daran: Der Zustand Ihrer Wohnung beeinflusst Ihren inneren Zustand und umgekehrt!

Motivieren Sie sich!

Kennen Sie das auch? Eigentlich wollten Sie schon lange den Keller ausmisten, einen langen Spaziergang machen, Ihre Buchhaltung auf den aktuellen Stand bringen oder Joggen gehen. Aber Sie können sich einfach nicht aufraffen, Sie sind einfach nicht genügend motiviert dazu. Im Gegenteil, es fällt Ihnen plötzlich eine ganze Reihe von Aufgaben und Tätigkeiten ein, die Sie stattdessen machen. Sie beginnen, die Küche zu putzen, das Schlafzimmer aufzuräumen oder Hemden zu bügeln.

☆ Wertvolle Ziele setzen

Ein Ziel zu setzen ist wie eine Mahlzeit zuzubereiten. Wer nur darauf achtet, dass sie nahrhaft, praktisch und schnell ist, der wird mit wenig Lust das Essen zu sich nehmen. Wer dagegen die Speise mit immer wieder neuen, überraschenden, unbekannten und exotischen Gewürzen verfeinert, der kann aus einer Mahlzeit ein Festessen machen. Machen Sie es bei Ihren Zielen genauso: kleine mundgerechte Häppchen mit Zutaten, die Sie mögen und Kräutern, die das gewisse, spannende Etwas geben.

1 Ziele formulieren

Positiv und ohne Vergleich, konkret und präzise, realistisch, selbst kontrollierbar und initiierbar und die Konsequenzen für alle berücksichtigend – so sollten Sie Ihre Ziele formulieren. Denn um ein Ziel zu erreichen, muss es zunächst in Ihnen eine Form annehmen, die klar zu beschreiben ist. Wir nennen dies die „Wohlgeformtheits-Kriterien" (siehe dazu auch Seite 88 ff.) Es stärkt die Motivation und das Duchhaltevermögen, wenn Sie Ihr Ziel in überschaubare „Häppchen" aufteilen, d. h. in Teilziele, über deren Erreichung Sie sich freuen können, wenn das Endziel noch fern liegt.

2 Geben Sie Ihrem Ziel mehr Sinn

Machen Sie sich klar, warum Sie sich ein bestimmtes Ziel setzen. Wollen Sie z. B. die Garage entrümpeln, ist es viel motivierender, wenn Sie sich sagen: „Ich packe es jetzt an, weil mir Übersichtlichkeit und Ordnung wichtig sind" als wenn

Sie nur denken „ ...weil es eben nötig ist." Wenn Sie das Ziel mit für Sie maßgeblichen Werten (wie hier z.B. Ordnung) verknüpfen können, stärken Sie Ihren Antrieb und Ihr Durchhaltevermögen. Außerdem haben Sie am Ende nicht nur irgendetwas erledigt, sondern einen für Sie wichtigen Wert umgesetzt – was bedeutend befriedigender ist. Überlegen Sie sich bei jedem Vorhaben, welchen Wert Sie damit verknüpfen können.

3 Finden Sie den Knackpunkt

Es ist sehr hilfreich, sich zu überlegen, was genau einen davon abhält, die geplante Aufgabe auszuführen. Ist es die Tätigkeit an sich, die keinen Spaß macht – daran können Sie etwas ändern (siehe Seite 80 ff.). Oder finden Sie irgendwie nicht den Anfang? Oder brauchen Sie noch irgendwelche Ressourcen (Material o.ä.)? Wenn Sie den genauen Knackpunkt ermittelt haben, können Sie ganz gezielt etwas dagegen tun.

4 Anfangsblockaden überwinden

Den ersten Satz auf ein leeres Papier zu bringen ist für viele Schriftsteller die größte Hürde, wenn sie ein neues Buch schreiben. Hier ist die beste Lösung: einfach irgendwie beginnen. Der Schriftsteller wird bald merken, dass sich langsam seine Gedanken sortieren und er plötzlich in den gewohnten Schreibfluss kommt (die ersten Zeilen kann er dann getrost löschen). Oder wenn wir vorhaben, das Wohnzimmer auszumisten, dann sollten wir mit irgendetwas anfangen. Nach ein paar Minuten läuft es dann oft wie von selbst.

5 Versüßen Sie sich die Arbeit

Jede Arbeit, auch die langweiligste und unangenehmste, kann so gestaltet werden, dass sie interessanter ist oder sogar Spaß macht. Entwickeln Sie Phantasie dabei, sich Unangenehmes leichter zu machen: Hören Sie Musik dazu, machen Sie einen kleinen Wettkampf (gegen die Uhr, gegen Mithelfende etc.) daraus, setzen Sie sich Belohnungen aus oder erfinden Sie neue Methoden für öde Routinearbeiten.

Motivation gegen Faulheit

Tun Sie so, als würden Sie in sich einen Wettkampf austragen, zwischen Ihrem motivierten, engagierten Anteil und Ihrem faulen Anteil. Schlagen Sie sich auf die Seite des motivierten Teils, feuern Sie ihn an und feiern Sie ihn, wenn er sich durchsetzt!

Was ist eigentlich Motivation?

Motivation ist das, was uns dazu antreibt, ein Vorhaben nicht nur zu planen, sondern auch in Angriff zu nehmen. Wörtlich bedeutet es nichts anderes als Handlungsbereitschaft. Die eigene Motivation zu stärken hat also zum Ziel, handlungsbereiter zu werden und das, was wir tun möchten oder müssen, mit mehr Energie und Erfolg in die Tat umzusetzen.

Motivation im Gehirn

Doch was macht uns bereit, ein Vorhaben in die Tat umzusetzen? Hier lohnt es sich, einen Blick in unser Gehirn zu werfen: Rein gehirnbiologisch ist der Neurotransmitter Dopamin für Motivation zuständig, denn es veranlasst die Ausschüttung von opiat-ähnlichen Stoffen, die uns richtiggehend „high" machen. Das ist ein schönes Gefühl und fördert den Wunsch, dieses Gefühl wieder zu haben. Dieser Wunsch unterstützt die Motivation sehr stark. Dopamin wird dann aktiv, wenn eine Tätigkeit zu einem besseren Resultat geführt hat als man erwartet hat. Dann werden Sie mit Dopamin belohnt. Machen Sie sich also nichts daraus, wenn Sie zunächst nicht erfreut Ihr Vorhaben anpacken, sondern freuen Sie sich ganz bewusst, wenn Sie mittendrin entdecken, dass es gut klappt. Genießen Sie die Dopamin-Dusche.

Dieses Belohnungssystem kann auch von Ihnen aktiviert werden, indem Sie sich schöne Musik gönnen oder ein Stück Schokolade oder sich selbst gut zureden.

Reden Sie sich gut zu

Nutzen Sie den inneren Dialog, den jeder von uns nahezu ständig führt. Denn wie wir mit uns selbst reden, hat einen entscheidenden Einfluss auf unsere Motivation. Wir können mit langsamer, tiefer, nuschelnder Stimme zu uns sagen: „Ich hab es satt, immer diese Unterlagen für die Steuererklärung zusammenzusuchen, jedes Jahr dieser nervige Papierkrieg."

Oder Sie können mit einer lebendigen, hohen, schnellen Stimme sich selbst anfeuern: „Also, die Prozedur mache ich ja jetzt schon aus dem Handgelenk, und dann sehe ich endlich klarer mit den Steuern." Achten Sie auf die Art des inneren Dialoges.

Belohnen Sie sich

Jeder Mensch liebt es, belohnt zu werden. Da Sie nicht erwarten können, dass Ihre Mitmenschen Sie überschwänglich loben und anerkennen werden, wenn Sie joggen gegangen sind, sollten Sie es einfach selbst tun. Das kann ein explizites Lob im inneren Dialog sein oder eine Stunde gemütlich auf dem Sofa liegen und nichts tun oder eine feine Tasse Tee trinken usw. Finden Sie heraus, was Ihnen gut tut und belohnen Sie sich immer wieder (auch für die Erreichung von Etappenzielen), denn es spornt an.

Erleben Sie die guten Gefühle bewusst

Jeder kennt das gute Gefühl, wenn er etwas erledigt und geschafft hat, was ihm eigentlich gar nicht so leicht fällt. Erleben Sie dieses gute, befriedigende Gefühl mit allen Sinnen und halten Sie es fest, z. B. mit einer Geste (geballte Faust) oder einem Wort (Yippieh) oder einem inneren Bild (Jubel auf dem Siegertreppchen). Erinnern Sie sich wieder an dieses Gefühl, wenn Sie vor einer unangenehmen Aufgabe stehen: Ballen Sie die Faust, sagen Sie innerlich „Yippieh!" oder sehen Sie den Jubel auf dem Siegerpodest vor sich. Das wird Ihnen helfen.

Erfolg schafft neue Motivation

In die Fähigkeit, sich selbst gut zu motivieren, zahlen Sie am besten ein, indem Sie Geschafftes, Erledigtes und Erreichtes ganz bewusst wahrnehmen und ausgiebig feiern.

Innerlich, indem Sie sich verbal loben und die erfolgreiche Situation noch einmal voller guter Gefühle nacherleben. Oder äußerlich als Handlung, z. B. indem Sie sich ein besonders leckeres Essen zubereiten.

Gewöhnen Sie sich an, Ihre Erfolge wirklich anzunehmen.

BASICS

- Formulieren Sie Ziele richtig.
- Schaffen Sie sich Teilziele.
- Verknüpfen Sie Ihr Vorhaben mit einem Wert, der Ihnen wichtig ist.
- Machen Sie den ersten Schritt ohne viel darüber nachzudenken.
- Gestalten Sie Ihre Aufgaben schöner.
- Überlegen Sie sich, wie Sie die Aufgabe schöner gestalten könnten.
- Nutzen Sie die Vorfreude auf die Dopamindusche.

2 Körper & Geist

Tobias ist Mitte 40, Abteilungsleiter und zufrieden mit seinem Leben. Nur in letzter Zeit hat er immer wieder das Gefühl, dass alles schon sehr festgefahren ist, dass nichts Neues entsteht, dass keine Bewegung und kein Schwung mehr in seinem Leben ist.

Morgens fährt er mit seinem Auto an die Arbeit, parkt direkt fast direkt vor dem Aufzug, der ihn an den Arbeitsplatz im dritten Stock bringt. Nach acht Stunden Arbeit kommt er nach Hause, genießt das ausgesprochen gute Essen seiner Frau und widmet sich dann meist seinem Hobby, dem Internet. Später sieht er sich gemeinsam mit seiner Frau noch eine Sendung im Fernsehen an.

Obwohl Tobias spürt mit zunehmendem Alter eine gewisse Behäbigkeit, die sich nicht nur in stetig steigendem Übergewicht äußert – an der auch die Spaziergänge am Wochenende nichts ändern –, sondern die sich auch geistig bemerkbar macht. Der Wunsch, sich körperlich zu bewegen und wieder Neues zu lernen, wird von Monat zu Monat größer, und dennoch findet er nicht den rechten Anfang.

Wie Schwung, Lebendigkeit, Regheit und Flexibilität für Körper und Geist in den Alltag integriert werden können, lesen Sie auf den folgenden Seiten.

Bringen Sie Bewegung und Schwung in den Alltag!

Sorgen Sie in Ihrer Umgebung dafür, dass Sie sich bewegen können. Wie sieht Ihr Arbeitsplatz aus? Können Sie Ordner, Drucker, Telefon und Unterlagen bequem von Ihrem Sitzplatz aus erreichen? Hat Ihr Schreibtischstuhl Rollen? Organisatorisch macht das sicherlich Sinn, für Ihr Bewegungsbedürfnis ist dies jedoch sehr schlecht. Es gibt Untersuchungen, die belegen, dass übergewichtige Menschen sich deutlich weniger bei den vielen kleinen Alltagstätigkeiten bewegen als Normalgewichtige.

Bewegungsmöglichkeiten im Alltag

Gestalten Sie Ihre Umgebung so, dass Sie öfter aufstehen und ein paar Schritte gehen müssen. Über den Tag gerechnet kommt eine Menge Bewegung zusammen.

1 Treppen gehen statt Lift oder Rolltreppe

Gehören Sie auch zu den Menschen, die sich in der U-Bahn gerne hinsetzen, jede Rolltreppe dankbar nutzen und täglich mehrmals einen Aufzug benutzen? Verzichten Sie in Zukunft ganz bewusst auf diese Bequemlichkeiten – auch diese täglichen Bewegungen tragen wesentlich dazu bei, dass Sie fitter werden.

2 Steigen Sie eine Station früher aus

Wir alle kennen das: Ist man erst mal im gemütlichen Zuhause angekommen, tun wir uns oft sehr schwer, uns noch einmal aufzuraffen und einen Spaziergang zu machen oder joggen zu gehen.

Nutzen Sie die Möglichkeit, wenn Sie ohnehin schon unterwegs sind. Machen Sie es sich zu einer Gewohnheit, an mindestens zwei Tagen in der Woche eine Bus-, Tram- oder U-Bahn-Station früher auszusteigen und den Rest zu Fuß nach Hause zu gehen.

Oder wenn Sie selten mit öffentlichen Verkehrsmitteln unterwegs sind: Drehen Sie zweimal pro Woche eine große Runde zu Fuß um den nächsten Block, bevor Sie sich in das Auto setzen.

3 Lassen Sie das Auto öfter stehen

Manche Menschen fahren von ihrer Wohnung mit dem Lift in die Tiefgarage, steigen in ihr Auto, fahren in die Arbeit, parken dort auf dem Parkplatz, gehen ein paar Schritte zum Aufzug und fahren bequem hoch zu ihrem Arbeitsplatz. Abends machen sie dann noch einen Abstecher zum Einkaufen, und natürlich wird das Kaufhaus mit der günstigen Parkmöglichkeit gewählt. Diese Menschen leiden unter einem erheblichen Bewegungsmangel. Auch wenn es noch so bequem ist: Verzichten Sie so oft wie möglich auf die Fahrt mit dem Auto. Gehen Sie kleine Strecken zu Fuß, fahren Sie öfter Bus oder U-Bahn, denn auch hier kommen Sie deutlich mehr in Schwung als mit dem Auto.

4 Hingehen statt rufen oder anrufen

Wie oft kommt es vor, dass man quer durch die Wohnung ruft: „Essen ist fertig“ oder gar ganze Unterhaltungen über zwei Räume hinweg führt. Probieren Sie es einen Tag lang aus: Statt zu rufen, gehen Sie zum anderen hin und reden Sie direkt mit ihm. Sie werden merken, dass da ganz schön was an Bewegung zusammenkommt. Ähnlich ist es vielleicht an Ihrer Arbeitsstelle: Klären Sie öfter mal etwas persönlich mit Kollegen, vor allem wenn sie nur zwei oder drei Büros weiter sitzen.

5 Bauen Sie täglich einen kleinen Spaziergang ein

Wenn Sie mittags in die Kantine gehen, schließen Sie einen kleinen zehnminütigen Spaziergang an. Wenn Sie zu Hause arbeiten, machen Sie es ebenso. Dabei tut Ihnen nicht nur die Bewegung gut, sondern sicherlich auch die frische Luft, und oftmals bekommen Sie gerade bei diesen Spaziergängen neue Ideen und Impulse für Ihre Arbeit. Außerdem schenken Sie Ihrem Gehirn den notwendigen Sauerstoff, regen den Kreislauf an und tun etwas für Ihre Gesundheit.

Breite Auswahl

Wie Sie sehen, gibt es eine ganze Reihe von Möglichkeiten, sich sportlich zu betätigen, an die Sie bisher vielleicht noch nie gedacht haben. Suchen Sie sich für jedes Wochenende mindestens eine dieser Aktivitäten aus, und Sie werden bald merken, wie Sie von Woche zu Woche immer fitter werden.

Bewegung für Körper und Geist

Körperliche Trägheit macht auch den Geist müde und faul. Der Zusammenhang zwischen körperlicher und geistig-seelischer Verfassung ist seit Urzeiten bekannt und immer wieder am eigenen Leib zu erfahren. Ein flotter Spaziergang an frischer Luft macht nach geistiger Arbeit wieder munter, und bei reichlich Arbeitsstress am Schreibtisch wirkt nichts so entspannend und ausgleichend wie reichlich körperliche Bewegung. Unser mentaler Zustand wiederum hat ebenfalls großen Einfluss auf unsere körperliche Verfassung: Es ist eine Binsenweisheit, dass Arbeitsüberlastung, Sorgen und Kummer auch den Körper krank machen können.

Machen Sie Sport im Alltag

Die meisten denken bei Sport an das Fitnessstudio oder an Joggen. Wer diese oder ähnliche Varianten bereits regelmäßig ausübt, der hat „seine" Sportart schon entdeckt. Viele andere aber brechen diese sportlichen Betätigungen wieder ab, weil sie ihnen keinen Spaß machen. Statt ganz auf Sport zu verzichten, sollten Sie auch an Aktivitäten denken, die Sie vielleicht nicht sofort mit Sport in Verbindung bringen – die aber genau das Gleiche bewirken: den Körper in Schwung bringen – zusätzlich zu den alltäglichen Bewegungen.

Haben Sie schon einmal daran gedacht, einfach mal eine gute Stunde schnellen Schrittes spazieren zu gehen, auch ohne Sportbekleidung und Walkingstöcken? Auch Gartenarbeit oder Schneeschaufeln können sportliche Aktivitäten sein, wenn Sie dabei ins Schwitzen geraten. Vielleicht haben Sie auch Lust, mit Ihrem Partner oder Ihrer Partnerin oder den Kindern in den Garten oder Park zu gehen und ein längeres Tischtennis- oder Federball-Match hinzulegen.

Wem Joggen zu langweilig ist, kann sich einen der vielen Trimm-Dich-Pfade vornehmen und wer keine Zeit oder Möglichkeit hat rauszugehen, kann im Wohnzimmer seilspringen. Und wer es gerne mit Musik und Spaß mag, der kann einfach tanzen gehen, sofern Sie auch wirklich längere Zeit tanzen und nicht nur bierschlürfend an der Bar stehen ...

Sorgen Sie für Entspannung

Neben ausreichender Bewegung brauchen Sie auch Phasen der Entspannung und Ruhe, um Geist und Körper in harmonischer Balance zu halten. Planen Sie mindestens einmal in der Woche eine „Auszeit" für sich ein, die Sie nur der Erholung widmen.

Machen Sie sich ein wunderbares, entspannendes Relax-Schaumbad, mit Duftkerze und vielleicht sanfter Musik im Hintergrund. Nehmen Sie sich dafür eine ganze Stunde Zeit und lassen Sie währenddessen das Telefon und Handy ausgeschaltet und sorgen Sie für Ungestörtheit.
Oder Sie nehmen sich immer wieder Zeit, um zu meditieren, autogenes Training zu machen oder einfach nur auf dem Sofa zu liegen und eine Entspannungs-CD zu hören.

Wer in eine echte Tiefenentspannung gehen möchte, der kann sich von Zeit zu Zeit eine Stunde im Float-Tank leisten, in dem Sie schwerelos in Salzwasser schweben und von allen äußeren Sinnenreizen abgeschirmt werden.
Seien Sie also in Zukunft noch achtsamer mit Ihrem Körper – Sie werden sich dadurch besser und zufriedener fühlen.

Kombinieren Sie Bewegung und Entspannung

Geistige und emotionale Entspannung kann natürlich auch mit bestimmten Bewegungsabläufen erreicht werden. Wanderungen, die nicht durch sportliche Höchstleistungen geprägt sind, sondern durch ein gleichmäßiges, kontinuierliches Vorankommen, mit gezielten Pausen, um die Landschaft zu geniessen, die Stille und Geräusche wahrzunehmen, die Luft zu riechen – und dabei tief ein und auszuatmen, tun nicht nur körperlich gut, sondern machen auch den Kopf frei.
In China treffen sich Tausende frühmorgens in den Parks, um ihre T'ai-Chi-Ch'uan-Übungen (chinesisches Schattenboxen) zu machen – nicht nur um körperlich fit zu bleiben, sondern um etwas für die innere Ausgeglichenheit zu tun. Immer mehr Menschen entdecken diese „Sportart" auch in Europa für sich. Probieren Sie einfach aus, was Ihnen wirklich gut tut.

BASICS

- Überlegen Sie, wo Sie Bewegung in Ihren Alltag einbauen können.
- Finden Sie eine Sportart, die Ihnen wirklich Spaß macht.
- Erholen Sie sich regelmäßig und schalten Sie vom Alltag ab.

Leicht Neues lernen

Viele der neuen Informationen vergessen wir schnell wieder – und das ist gut so, denn wir könnten mit der Flut an Informationen, die ständig auf uns einwirken, gar nicht umgehen. Bestimmte Informationen wollen Sie jedoch langfristig behalten. Z. B. im Job die Kenntnisse über ein neues Produkt oder im Privaten die Informationen über das Reiseland, das Sie als Nächstes besuchen werden, oder wichtige Änderungen bei den Steuergesetzen.

Die besten Lerntricks

Lernen ist dann ganz einfach und leicht, wenn wir Erkenntnisse aus der Forschung kennen und in den Lernprozess integrieren.

1 Machen Sie sich den Sinn bewusst

Überlegen Sie sich mindestens drei Gründe, warum es sinnvoll ist, sich diesen Lernstoff anzueignen. Welche Bedeutung haben die Inhalte für Ihren beruflichen oder privaten Alltag? Schreiben Sie sie auf.

2 Sorgen Sie dafür, dass es Ihnen gut geht

Schaffen Sie sich eine Lernatmosphäre, die Ihnen gut tut, z. B. indem Sie angenehme Musik im Hintergrund laufen lassen, sich mit einem leckeren Tee versorgen und für Ungestörtheit (Telefon, Besucher etc.) sorgen. Gehen Sie mit der Einstellung „Ich kann das" und „Das interessiert mich" an die Sache ran.

3 Schaffen Sie sich erst einen Überblick

Bevor Sie anfangen zu lernen, verschaffen Sie sich zunächst einen Überblick. Überfliegen Sie die kompletten Inhalte, bevor Sie sich näher damit beschäftigen. Versorgen Sie sich immer erst mit allgemeinen Informationen und gehen Sie dann erst ins Detail.

4 Teilen Sie die Information in gut verdauliche Häppchen

Überlegen Sie sich, wie Sie die Informationen thematisch sortieren können. Ordnen Sie die

Themen maximal fünf bis sieben Überschriften zu. Dazu sollten Sie leere Blätter, Stifte und Post-Its zur Hand haben. Markieren Sie die Themen bunt in Ihren Unterlagen, kleben Sie Überschriften zu den Inhalten oder malen Sie ein Mind Map®.

5 Setzen Sie alle Sinne ein

Wenn Sie sich nun intensiver mit dem Lernstoff beschäftigen, sollten Sie dabei alle Sinne (Sehen, Hören, Fühlen/Tun) einsetzen, auf diese Weise lernen Sie am effektivsten. Machen Sie sich also Skizzen, Bilder, Grafiken. Sagen Sie sich Schlagwörter in einem bestimmten Rhythmus oder im Reim vor. Erfinden Sie Merksätze. Diskutieren Sie den Lernstoff mit anderen oder auch mit sich selbst. Überlegen Sie sich viele praktische Beispiele zu den Informationen und üben Sie es selbst praktisch.

6 Machen Sie viele Pausen

Lernen Sie zügig und machen Sie öfter Pausen, am besten alle 20 Minuten für 5 Minuten. In dieser Zeit kann das Gehirn das neu Gelernte verarbeiten.

7 Wiederholen Sie, was Sie gelernt haben

Der Lernerfolg hängt in hohem Maße von der Wiederholung ab. Es ist die große Ausnahme, wenn wir etwas gleich beim ersten Mal langfristig behalten. Wiederholen Sie das Gelernte am besten zum ersten Mal nach 10 Minuten, dann nach 24 Stunden, dann nach 1 Woche und dann noch einmal nach 6 Monaten – und Sie werden es für immer behalten.

8 Beenden Sie jede Lernsequenz mit einem Erfolg

Fassen Sie am Ende des Lernens immer noch einmal kurz zusammen, was Sie schon alles geschafft haben, was Sie schon gut können und was Ihnen besonders gut gelingt. Damit belohnen Sie sich selbst, und dies erhöht die Motivation für die nächste Lerneinheit.

Lernen Sie im Schlaf!

Achten Sie darauf, dass Sie in Lernphasen genügend ungestörten Schlaf bekommen, denn während Sie schlafen, wird im Gehirn das Gelernte weiterverarbeitet, sortiert und eingeordnet. Nutzen Sie dies und blättern Sie kurz vor dem Einschlafen noch einmal in Ihren Unterlagen. So wissen Sie am nächsten Morgen oft mehr als noch am Abend davor.

Negative Lernerlebnisse vergessen

Leider ist bei vielen Menschen der Begriff Lernen negativ besetzt, weil damit häufig Langeweile, Stress, Prüfung und auswendig lernen verbunden sind. Das sind meist noch Relikte aus der Schulzeit, die sich nicht so leicht abschütteln lassen.

Dabei ist lernen etwas Wunderbares. Lernen macht Spaß, lernen bringt uns weiter, lernen erweitert unseren Horizont, lernen ist Bestandteil eines erfüllten Lebens, lernen bringt Erfolge und befriedigt unsere natürliche Neugierde.

Legen Sie alte Lerngewohnheiten ab

Verabschieden Sie sich von alten, aus der Schulzeit stammenden Lernmustern, denn sie sind heute weder zeitgemäß noch entsprechen sie dem Kenntnisstand der Lernforschung. Zielorientiertes, lustvolles, assoziatives und entspanntes Lernen dagegen führt zum Erfolg – geben Sie dem Lernen diese Chance, Sie werden erstaunt sein, wie gut es funktioniert!

Für gute Voraussetzungen sorgen

Beste Voraussetzung für leichtes und erfolgreiches Lernen ist, sich das Ziel oder den Zweck des Lernens vor Augen zu führen. Durch Ihre Kenntnisse über ein neues Produkt können Sie Ihre Kunden besser beraten, mit einem guten Vorwissen orientieren Sie sich schneller in dem noch unbekannten Reiseland, und wenn Sie Bescheid wissen über steuerliche Veränderungen, können Sie sofort darauf reagieren. Das mag banal klingen, aber es macht tatsächlich einen Unterschied, ob Sie für sich das Ziel klar formulieren oder nicht. Sie werden merken, dass Ihre Motivation, Ihre Aufmerksamkeit und Ihr Interesse deutlich ansteigen.

Vermeiden Sie alles, was Angst, Druck, Stress oder sonstige negative Gefühle hervorruft. Denn diese sind Lernblockaden, die verhindern, dass sich neues Wissen dauerhaft im Gehirn ansiedeln kann.

Achten Sie vielmehr darauf, dass Sie sich wohl fühlen und mit einer positiven Einstellung an das Lernen herangehen. Sicherheit, Vertrauen und vor allem die Aussicht auf Erfolg sind die Basis für erfolgreiches Lernen.

Das Lernen ist wie eine Party

Der Lernprozess über Anknüpfungspunkte kann gut am Beispiel einer Party verdeutlicht werden. Stellen Sie sich vor, Sie sind abends auf eine

Eröffnungsfeier einer Praxis eingeladen. Sie kommen als die Party schon in vollem Gang ist und schlendern durch die Menschenmenge. Sie stellen fest, dass Sie niemanden kennen und wollen gerade die Party wieder verlassen, als Sie am Eingang Ihren Bekannten Rainer entdecken. Sie begrüßen sich und Rainer stellt Ihnen Sabine vor, die genau wie Sie gerne reist. Als Sabine hört, dass Sie demnächst nach Kanada fliegen, stellt sie Ihnen Ronny vor, der in Kanada geboren ist und nun in Deutschland lebt. Sie unterhalten sich eine Weile und gehen dann zum Buffet, um sich einen kleinen Snack zu genehmigen.

Das Tolle ist, Sie können nun den Weg direkt zu Ronny gehen und müssen nicht mehr bei Rainer beginnen.

Lernen Sie ganz entspannt

Nichts tut dem Gehirn beim Lernen so gut wie ein entspannter Zustand. Führen Sie ein kleines Ritual ein, bevor Sie mit dem Lernen beginnen: Ziehen Sie sich für ein paar Minuten an einen ruhigen Ort zurück, wo Sie sich bequem hinsetzen können und vielleicht sogar die Möglichkeit haben, eine CD mit Entspannungsmusik anzuhören. Richten Sie Ihre Aufmerksamkeit nach innen, achten Sie auf Ihren Atem und lassen Sie mit jedem Ausatmen alle be-lastenden Gedanken los und tanken Sie mit jedem Einatmen Kraft und Energie für den Lernprozess.

Wenn Sie spüren, dass sich ein entspanntes und gutes Gefühl in Ihrem Körper breitmacht, genießen Sie dieses Gefühl noch ein wenig und richten dann Ihre Aufmerksamkeit wieder nach außen.

BASICS

- Finden Sie sinnvolle Gründe für Ihr Lernen und schaffen Sie sich eine angenehme Lernsituation.
- Sortieren Sie den Stoff zuerst in einer Gliederung.
- Beziehen Sie alle Sinne in das Lernen mit ein.
- Machen Sie immer mal wieder eine Pause zwischendurch.
- Wiederholen Sie das Gelernte regelmäßig und machen Sie sich immer wieder bewusst, was Sie schon alles gelernt haben.

Halten Sie Ihr Gehirn fit!

Machen Sie sich bewusst, dass das Gehirn Ihr wichtigstes Organ ist. Es ist Ihre Steuerzentrale, es sorgt dafür, dass Ihr Körper – mehr oder weniger – perfekt funktioniert. Es filtert und speichert alle Informationen und ruft sie im richtigen Moment wieder ab, es verarbeitet Erfahrungen, lernt gerne Neues hinzu und es kann ungeheuer kreativ sein. Räumen Sie Ihrem Gehirn den Platz ein, den es verdient: Lieben Sie es. Und was man liebt, das möchte man auch immer gut behandeln und umsorgen.

Use it or lose it!

Beginnen Sie heute mit dem Gehirntraining. Bauen Sie eine tägliche Routine auf, dann klappt es am leichtesten. Machen Sie jeden Tag eine dieser Übungen und beginnen Sie allmählich, sie selbst zu variieren und den Schwierigkeitsgrad anzupassen.

1 Machen Sie Überkreuzübungen

Führen Sie Ihren linken Ellbogen zu Ihrem rechten Knie und dann den rechten Ellbogen zu Ihrem linken Knie. Oder strecken Sie Ihren linken Arm aus, heben Sie den Daumen und beschreiben Sie mit dem Daumen eine große (mind. 1 m), liegende Acht und verfolgen Sie den Daumen nur mit Ihren Augen, ohne den Kopf zu bewegen. Diese Übungen dienen der Verknüpfung der beiden Hemisphären.

2 Innere Bilder kreieren

Wer sich Begriffe in Bildern – oder noch besser in Filmen – merkt, behält sie viel länger. Schreiben Sie sich zunächst sieben konkrete Begriffe auf: z. B. Schachtel, Gläser, Turm, Blatt, Maus ... Machen Sie sich zu jedem Wort ein inneres genaues, detailliertes Bild. Verknüpfen Sie diese nun in einem Film zu einer möglichst verrückten Story. Z. B. „Es war einmal eine wunderschöne rosa Schachtel mit großen lila Punkten, aus der unterdrücktes Gekicher ertönte. Als ich die Schachtel öffnete, konnten sich die drinstehenden Gläser nicht mehr zurückhalten und lachten lauthals und deuteten auf einen dunkelbraunen

Turm aus einem Schachspiel, in den gerade eine weiße Maus biss."

Legen Sie immer neue, immer längere und immer schwierigere Wortlisten an.

3 Fremdwörter lernen

Lernen Sie jeden Tag ein neues Fremdwort (im Fremdwörterlexikon zu finden) und erfinden Sie kleinere Szenen und Beispielsätze, in denen Sie es passend einfügen können.

4 Vokabeln lernen

Lernen Sie jeden Tag drei neue englische, französische, ... Vokabeln und überlegen Sie sich mindestens je drei vollständige Sätze, in denen das Wort gut passt.

5 Mathematische Aufgaben

Verknüpfen Sie Bilder mit Zahlen, z. B. Radio = 15 und Fressnapf = 43. Machen Sie daraus mathematische Aufgaben, z. B. Fressnapf minus Radio = ?

6 Das große Einmaleins lernen

Lernen Sie das große Einmaleins, indem Sie sich die Aufgabe und die Lösung als Bild einprägen und nicht rechnen, z. B. 12 x 16 = 192.

Schaffen Sie Anknüpfungspunkte

Das Gehirn lernt am besten vom Allgemeinen zum Spezifischen. Das bedeutet, dass Sie sich zunächst einen Überblick verschaffen, generelle Informationen und allgemeine Strukturen betrachten. Erst danach gehen Sie ins Detail und steigen tiefer in die Materie ein. Das hat den Vorteil, dass sozusagen Spuren im Gehirn angelegt werden und dass Sie auf diese Weise mehr Anknüpfungspunkte finden. Denn: Lernen ist nichts anderes als die Verbindungvon Neuem mit Altem. Je mehr und je bessere Anknüpfungspunkte man hat, desto schneller und nachhaltiger lernt man.

Gemeinsam mit anderen trainieren

Viel Spaß macht es, zusammen mit der Familie oder mit Freunden die Gehirnzellen zu aktivieren. Das gemeinsame Abendessen oder die tägliche Fahrt zur Arbeit kann wunderbar dazu genutzt werden, um Gehirntrainingsspiele als Ritual aufzubauen.

Die Gehirnleistung geht zurück

Früher war man der Meinung, dass man erst ab einem gewissen Alter, etwa mit 50 oder 60 Jahren, mit Gedächtnistraining anfangen sollte, um der Alterserscheinung des Vergessens vorzubeugen. Heute weiß man, dass das völliger Unsinn ist, denn die Gehirnleistung geht bereits etwa ab dem zehnten Lebensjahr kontinuierlich zurück. Insofern sollte man spätestens hier mit dem Gehirntraining beginnen. Durch das Lernen in der Schule und später in der Berufsausbildung wird das Gehirn noch ganz gut auf Trab gehalten.

Die schwierigste Phase tritt jedoch ein, sobald man beruflich gefestigt ist, sich dort gut zurechtgefunden hat, alles wie von selbst läuft und man abends regelmäßig in der Sportzeitung blättert oder sich vom Fernsehprogramm berieseln lässt. Wenn also das Gehirn nicht mehr aktiv gefordert oder trainiert wird.

Was das Gehirn braucht, damit es gut arbeiten kann

Für das Gehirn gibt es vier wichtige Bedingungen, damit es gut funktionieren und lernen kann: Wasser, Sauerstoff, viel Bewegung und gute Laune. Wenn Sie diese vier Kriterien beachten, wann immer Sie etwas lernen oder Neues aufnehmen möchten, dann werden Sie bald feststellen, dass es auf diese Weise beträchtlich leichter und schneller geht.

Viel trinken

Sorgen Sie besonders in Zeiten, in den Sie etwas lernen, dass Ihr Körper und damit Ihr Gehirn mit ausreichend Wasser versorgt wird: Trinken Sie mindestens 1,5 Liter pro Tag, am besten reines Wasser. Und wenn Ihnen mal eine Aufgabe zu knifflig ist, trinken Sie am besten ein Glas Wasser, bevor Sie weiter nachdenken.

In zahlreichen Untersuchungen hat man nachgewiesen, dass sowohl die geistige Leistungsfähigkeit, als auch die Erinnerungsfähigkeit zunimmt, wenn man genügend Wasser trinkt. Viele Menschen nehmen zuwenig Flüssigkeit zu sich. Wenn man beginnt Durst zu bekommen, ist es meist schon zu spät.

Viel frische Luft

Auch frische Luft ist wichtig, wenn das Gehirn leistungsfähig sein soll: Öffnen Sie regelmäßig die Fenster, lassen Sie Sauerstoff hinein. Am besten stellen Sie sich vor einer Lernsequenz ans Fenster und atmen mehrmals ganz bewusst tief ein. Machen Sie ganz bewusst Atemübungen, indem Sie tief ein- und langsam ausatmen, Dadurch wird die restliche verbrauchte Luft durch frische ersetzt und der Körper in einen entspannten Zustand versetzt.

Viel bewegen

Das Gehirn ist umso leistungsfähiger, je mehr es in Bewegung ist. Lernen beim Spazierengehen oder beim Auf-und-Abgehen kommt den Bedürfnissen des Gehirns sehr entgegen. Wer nicht die Gelegenheit für solche Bewegungsfreiheit hat, kann einfach einen Kaugummi kauen, denn auch dabei wird eine Vielzahl von Muskeln im Kopf aktiviert. Bewegung und Flexibilität des Körpers fördern auch die Beweglichkeit und Flexibilität des Geistes.

Viel gute Laune

Eine ganze Reihe von Untersuchungen belegen: Wer in einem guten, positiven Zustand lernt, der kann sich schneller, präziser und nachhaltiger die Inhalte merken.

Deshalb gilt: Versetzen Sie sich immer zuerst in einen guten Zustand, bevor Sie das Lernen beginnen, z.B. indem Sie sich schöne Erinnerungen hervorholen, ein Foto von einem geliebten Menschen ansehen, eine CD mit guter Musik einlegen oder vielleicht sogar ein wenig Sport machen, z. B. Seilspringen. Entwickeln Sie Ideen, wie Sie das zu Lernende erfolgreich einsetzen werden.

BASICS

- Trainieren Sie Ihre beiden Gehirnhälften jeden Tag und integrieren Sie Denkaufgaben in Ihren Alltag.
- Suchen Sie sich Verbündete für mehr Spaß am Lernen.
- Trinken Sie ausreichend Flüssigkeit.
- Sorgen Sie für frische Sauerstoffzufuhr beim Lernen.
- Machen Sie Sport und bewegen Sie sich mehrmals am Tag.

3 Kommunikation & Beziehungen

Katharina ist selbständige Finanzberaterin und obwohl sie eine wirklich kompetente und erfahrene Expertin für alle Themen rund ums Geld ist, werden ihre Kunden immer zögerlicher beim Abschluss von Verträgen. Auch das Gewinnen von neuen Kunden fällt ihr sehr schwer.

Mit etwas Neid betrachtet sie so manche Kollegen, die mit ihrem einnehmenden Wesen in kurzer Zeit Vertrauen selbst zu völlig Fremden aufbauen können und dadurch deutlich erfolgreicher sind als sie selbst. Katharina weiß, dass es in ihrem Beruf eine der wichtigsten Fähigkeit ist, schnell einen guten Draht zu ihren Kunden oder Neukunden herzustellen, deren Bedürfnisse und Einstellungen in kurzer Zeit richtig einzuschätzen und darauf einzugehen.

Auch privat hat sie viele Bekannte, mit denen sie sich zwar regelmäßig trifft, die ihr aber eigentlich nicht so wichtig sind. Dafür vermisst sie richtig gute Freunde, die mehr als nur Squash-Partner sind.

Phasen, wie sie Katharina gerade erlebt, durchläuft vermutlich jeder von uns einmal. Widmen Sie sich in diesem Kapitel den Themen Kommunikation und Beziehungen. Diese sind nicht nur in jedem Beruf, der mit anderen Menschen zu tun hat, sehr wichtig, sondern auch für das allgemeine Wohlbefinden.

Bekommen Sie einen guten Draht zu anderen!

Wir leben nicht alleine auf der Welt. Wir stehen tagtäglich in Kontakt zu einer Vielzahl von Menschen. Zu vielen von ihnen haben wir eine längerfristige Beziehung, zu anderen haben wir nur kurz Kontakt. Wer in der Lage ist, mit anderen Menschen gut auszukommen, schnell einen guten Draht aufzubauen und in gutem Kontakt zu stehen, der ist erfolgreicher bei der Erreichung seiner Ziele.
Um eine gute Beziehung zu anderen Menschen aufzubauen, können Sie sich ein Prinzip der Anthropologie zunutze machen. Dies besagt nämlich dass Gleichheit und Ähnlichkeit zu Sympathie führen.

Ähnlichkeit schafft Sympathie

Sie können einen guten Draht zu Ihrem Gegenüber aufbauen, indem Sie sich dem anderen angleichen, und zwar mit Ihrer Körpersprache, Ihrer Mimik oder Ihrer Sprache.

1 Den anderen genau beobachten

Beobachten Sie Ihren Gesprächspartner zuerst genau. Welche Körperhaltung hat er? Wie sind seine Bewegungen? Wie stark ausgeprägt sind seine Mimik und seine Gestik? Wie spricht er? Gewöhnen Sie es sich an, andere Menschen genau zu beobachten. Gleichen Sie sich dann demjenigen an, zu dem Sie eine gute Beziehung aufbauen möchten.

2 Körpersprache angleichen

Am einfachsten ist es, wenn Sie zunächst auf die Körpersprache achten. Es gibt eine Vielzahl von Möglichkeiten, auf die Sie Ihre Aufmerksamkeit richten können: Haltung insgesamt, Körperspannung, Haltung und Bewegung der Arme, Beine, Hände, Füße, des Kopfes, Stehen oder Sitzen, Kopf auf Arme aufgestützt, Armhaltung usw. Je nachdem, wie die Körpersprache Ihres Gegenübers gerade ist, gleichen Sie Ihre eigene dieser an. Falls sich Ihr Gegenüber häufiger bewegt, achten Sie darauf, ihn nicht zu imitieren und sich nicht zu schnell anzupassen, am besten mit einer Zeitverzögerung von 10 bis 20 Sekunden. Wichtig ist es, natürlich zu bleiben, denn sonst verkrampft die Situation und das Angleichen erübrigt sich. Fangen Sie mit etwas Einfachem an, z.B. wenn jemand zurück oder nach vorne gelehnt sitzt, bzw. die Arme verschränkt oder die Beine übereinander geschlagen hat. Bemühen sie sich, Unterschiede zu minimieren.

3 Mimik angleichen

Wenn Sie sich beim Angleichen der Körpersprache schon sicher fühlen, dann können Sie als Nächstes auf die Mimik und Gestik achten: viel oder wenig Gestik, ausladend oder nicht, Lächeln oder nicht, Mund, Lippen, Augen, Blicke, Blickrichtungen, Häufigkeit des Blickkontakts, Augenbrauen, Stärke und Ausprägung der Mimik, Hände und Arme (Haltung und Bewegungen). Gleichen Sie auch hier – wohldosiert – Ihre Mimik und Gestik an.

4 Sprache angleichen

Mit ein wenig Übung können Sie sich auch an die sprachlichen Gewohnheiten Ihres Gesprächspartners anpassen. Dies gilt für die verbale (Worte), die nonverbale (Ton) Sprache und auch die Struktur. Zu den sprachlichen Details gehören: Tonhöhe, Schnelligkeit, Lautstärke, Betonung, Pausen, Fachwörter, Fremdwörter, allgemeine Ausdrücke und Floskeln, Sprachniveau und Satzlänge. Denken Sie daran, dass sie nicht nachahmen, sondern sich angleichen und annähern wollen!

5 Angleichen auf weiteren Ebenen

Einige der folgenden Punkte werden Ihnen vielleicht bekannt vorkommen, weil Sie sie schon ganz unbewusst angleichen. Vielleicht finden Sie hier noch mehr Anregungen: Sichthöhe, Sitzordnung, Kleidung, Accessoires oder Gefühle.

Durch Angleichen bauen Sie Brücken

Wenn Sie das Angleichen als einen Akt des Respekts und der Wertschätzung anderen Menschen gegenüber auffassen, dann werden Sie feststellen, dass Sie damit viel Gutes bewirken können.

Gute Kommunikatoren sorgen für eine gute Atmosphäre

Manche Menschen haben die Begabung, überall, wo sie hinkommen, sofort Kontakt zu anderen aufzunehmen und auf sympathische Weise eine gute Atmosphäre herzustellen. Sie sind immer willkommene Gäste und gern gesehene Geschäftspartner. Diese Fähigkeit ist vielleicht manchen in die Wiege gelegt worden, aber es ist auch etwas, was jeder Mensch lernen kann – und sollte. Denn: Das Schlüsselelement und die Basis einer erfolgreichen Kommunikation in Beratung, Schule, Verkauf und anderen beruflichen und privaten Kontexten ist eine gute Beziehung oder der gute Draht zum anderen. Gute Kommunikatoren sind in der Lage, innerhalb weniger Minuten – ja sogar Sekunden – eine Atmosphäre des Vertrauens, des Verständnisses und der Sympathie herzustellen. Diese Fähigkeit läuft bei den meisten ganz automatisch ab und entsteht aus der Interaktion und Reaktion in der Kommunikation zwischen Menschen.

Sympathie kann erzeugt werden

Viele fragen sich, ob es überhaupt möglich ist, willentlich Sympathie zwischen Menschen zu erzeugen. Normalerweise geht man davon aus, dass Sympathie einfach da ist – oder eben nicht. Doch tatsächlich können Sie aktiv etwas tun, um einen guten Draht zum anderen aufzubauen, so dass die Chemie zwischen Ihnen und Ihrem Gegenüber stimmt!

Um am leichtesten hinter dieses Geheimnis zu kommen, betrachten wir das Ganze einmal aus einer anderen Perspektive: Beobachten Sie doch einmal auf einer Konferenz oder in einem Restaurant Menschen, wie sie miteinander kommunizieren. Sie können durch reine Beobachtung erkennen, ob sich zwei Personen gut verstehen oder nicht. Achten Sie auf alle Ähnlichkeiten im Verhalten.

Die nonverbale Kommunikation

Beobachtungen und Analysen von miteinander kommunizierenden Menschen haben ergeben, dass bei einer guten Beziehung die Kommunikation zu fließen scheint, dass nicht nur die Worte, sondern sogar die Körper sich einander anpassen.

Ganz besonders die nonverbale Sprache (also z.B. Blickkontakt, Körperhaltung, Mimik, Gestik) gibt Aufschluss darüber, ob zwischen zwei Menschen eine gute Stimmung da ist. Haben zwei Personen eine ähnliche oder gar gleiche Körpersprache, dann haben sie mit großer Wahrscheinlichkeit einen guten Draht zueinander.

In der Anthropologie geht man davon aus, dass Menschen, die Sympathie füreinander empfinden, das vermutlich angeborene Bedürfnis haben, sich dem anderen körpersprachlich anzugleichen. Sie folgen dem anderen, oder der andere folgt ihm. Es ist wie ein Tanz von wechselseitiger Verständigungsbereitschaft.

Nonverbal für ein gutes Verhältnis sorgen

Wenn Menschen, die einen guten Kontakt zueinander haben, sich angleichen, dann ist das offensichtlich eine Folge von Sympathie. Das wollen wir hier auf den Kopf stellen, denn: Angleichen ist nicht nur eine Folge eines guten Kontakts, sondern Angleichen führt tatsächlich dazu, dass eine Atmosphäre des Verstandenwerdens und Verstehens aufgebaut werden kann. Je mehr Ähnlichkeiten vorhanden sind, desto mehr Chancen hat man, einen guten Draht herzustellen.

Besonders in schwierigen Situationen oder bei Auseinandersetzungen und Konflikten ist es hilfreich, die Schärfe zu reduzieren, indem man sich nonverbal angleicht. So kann man unterschiedlicher Meinung sein, sich jedoch trotzdem gut verstehen und damit besser miteinander auskommen.

BASICS

- Sorgen Sie für eine bessere Kommunikation und mehr Sympathie, indem Sie sich Ihrem Gegenüber angleichen.
- Beobachten Sie die Körperhaltung, Gestik, Mimik etc. Ihres Gesprächspartners unauffällig.
- Passen Sie Ihre nonverbale Kommunikation dem Gegenüber an.
- Verwenden Sie eine ähnliche Sprache und Sprechweise wie er.
- Finden Sie noch andere Bereiche, in denen Sie sich authentisch angleichen können.
- Imitieren Sie nicht einfach, sondern achten Sie darauf, dass es nicht zu offensichtlich ist.
- Respektieren Sie den anderen Menschen, nutzen Sie diese Technik nicht aus, um ihn zu manipulieren.

Besser kommunizieren

Viele endlose und ergebnislose Debatten könnte man sich ersparen, wenn man sich vorher ein paar Gedanken dazu machen würde und ein paar einfache Regeln während des Gesprächs berücksichtigt. Auf jeden Fall sollte man davor überlegen, welches Ziel durch ein Meeting, eine Besprechung, eine Auseinandersetzung oder Klärung anvisiert wird.

Schritt für Schritt zu einer besseren Kommunikation!

Reflektieren Sie rückblickend die Situationen, in denen die Kommunikation noch nicht so gut klappt, wie Sie es sich wünschen. Analysieren Sie Schritt für Schritt, was Sie in Zukunft noch besser machen möchten.

1 Was will ich überhaupt kommunizieren?

Formulieren Sie für sich ein Wunschergebnis für ein Zusammentreffen oder legen Sie es zusammen mit Ihren Kommunikationspartnern gemeinsam fest. Auch wenn es anfänglich vielleicht ein wenig übertrieben und aufwändig erscheinen mag: Auf diese Weise vermeiden Sie Umwege und unnötigen Zeitverlust.

2 Den anderen genau beobachten

Vielleicht kennen Sie das auch: Ihr Gegenüber redet auf Sie ein und schaut Sie dabei kaum an. Ein sehr schlechter Kommunikator, denn Kommunikation ist keine Oneway-Aktion, sondern ein ständiger Austausch von verbalen und nonverbalen Botschaften. Achten Sie also darauf, dass Sie Ihren Gesprächspartner beobachten und anschauen, wenn Sie selbst sprechen und auch wenn der andere redet. So erhalten Sie eine Menge wichtiger Informationen, z. B. Stirnrunzeln, Lächeln, Nicken usw. Diese Informationen können Sie sofort in Ihre Kommunikation aufnehmen und integrieren und das Gespräch damit beeinflussen.

3 Konkret und präzise kommunizieren

Unsere Kommunikation ist geprägt von einer Vielzahl an Vereinfachungen, Verzerrungen und Verallgemeinerungen.

Das ist ganz natürlich und vereinfacht die Kommunikation enorm. Doch das führt dazu, dass oftmals aneinander vorbeigeredet wird oder der andere eine ganz andere Auffassung vom Gesagten hat. Um zielgenau zu kommunizieren sollten Sie möglichst präzise und genau sprechen.

4 Nachfragen und klären

Oftmals werden Sie mit sehr unspezifischen Aussagen konfrontiert. Gewöhnen Sie sich an, bei wichtigen Themen nachzufragen: „Wer genau? Wann genau? Wie genau? Wie lange genau? Bis wann genau?“. Aber Achtung: Zu viel derartiges Nachfragen nervt und kann den anderen in die Ecke drängen. Wenn Sie nicht gerade in verbale Selbstverteidigung treten müssen, dann setzen Sie diese Präzisierungsfragen dosiert und überlegt ein.

Nur eine Frage sollten Sie nach Möglichkeit vermeiden: „Warum?“ Sie bringt kaum gute, neue Informationen.

5 Gezielt vage kommunizieren

Ein geschickter und guter Kommunikator kann im Bedarfsfall auch ganz absichtlich unspezifisch und unpräzise kommunizieren. Nämlich dann, wenn er möglichst viele unterschiedliche Leute gleichzeitig ansprechen möchte oder sich nicht festlegen möchte. Dann kann er ganz allgemein und vage sprechen und alle genauen und spezifischen Formulierungen vermeiden. Denken Sie bloß an die Reden auf Firmenversammlungen oder an die Werbung und an Verlautbarungen der Politiker.

Konstruktives Feedback statt Beschuldigungen

Wenn wir uns zur Regel machen, dass wir unseren Gesprächspartner respektieren und wertschätzen und mit unserer Kommunikation nicht verletzen wollen, dann werden wir mehr erreichen. Vermeiden Sie allgemeine, vergangenheitsorientierte Beschuldigungen und präzisieren Sie stattdessen Ihre Aussagen. Achten Sie darauf, dass Sie den Vorwurf nicht so im Raum stehen lassen, sondern immer mit einem konstruktiven Vorschlag verknüpfen.

Kommunikation ist in allen Lebensbereichen wichtig

Die Fähigkeit, gut zu kommunizieren, ist heutzutage ohne Frage eine der wichtigsten Schlüsselqualifikationen für persönlichen Erfolg. Wer seine Ideen und Vorschläge gut rüberbringt und verständlich und gezielt kommuniziert, der erreicht mehr – für sich, für sein Team, für seine Firma. Die meisten denken hier vor allem an wichtige Präsentationen und Vorträge, wo man charismatisch und eloquent auftreten müsse. Doch noch wichtiger ist es, in der normalen Alltagskommunikation klar und überzeugend zu sein. Im wöchentlichen Abteilungsmeeting oder im täglichen Gespräch mit der anderen Abteilung oder natürlich auch in der Familie und mit Freunden.

Übernehmen Sie die Verantwortung für die Kommunikation

Die meisten Missverständnisse basieren darauf, dass in der Kommunikation nicht berücksichtigt wird, dass der Mensch ein Sinn und Bedeutung erzeugendes Wesen ist. Denn jede Botschaft wird vom Empfänger gemäß seiner Erfahrungen, Werte, Erlebnisse, seiner Kultur, seines Wissen etc. interpretiert. Und entsprechend diesen Interpretationen reagiert er und sendet Botschaften zurück, die dann wiederum vom Empfänger interpretiert werden. Wer also gut kommunizieren möchte, der übernimmt die Verantwortung für die Kommunikation, denn: „Die Bedeutung der Kommunikation liegt in der Reaktion, die man erhält" oder anders ausgedrückt: „Es ist das kommuniziert worden, was ankommt". Der Sender der Botschaft muss dafür sorgen, dass seine Botschaft im gewünschten Sinne ankommt. Mit dieser Einstellung werden Sie sehr schnell deutlich bessere Kommunikationsergebnisse erzielen.

Rechtzeitiges Nachfragen verhindert Missverständnisse

Sie können durch genaues Beobachten der Reaktion des Empfängers oder durch Nachfragen überprüfen, ob die Botschaft auch wirklich so an-gekommen ist, wie es gewünscht war. Nachfragen, ob die Botschaft im gemeinten Sinne angekommen ist, sollten Sie immer dann, wenn es sich um besonders wichtige Botschaften handelt:

Wenn Sie beispielsweise Ihrem Vorgesetzten einen ungewöhnlichen, aber Ihrer Meinung nach sehr guten Vorschlag machen, dann vergewissern Sie sich ganz genau, ob der Vorschlag auch wirklich so aufgefasst wurde, wie Sie es sich wünschen. Fragen Sie nicht nach, ob er es verstanden hat, sondern wie er es verstanden hat. So können gleich von Anfang an Missverständnisse aus dem Weg geräumt werden.

Das gleiche Prinzip gilt natürlich auch für jede andere Kommunikation, z. B. in der Familie oder mit Freunden und Bekannten. Wenn Sie nachfragen und sich ein Feedback zu Ihrer Botschaft einholen, dann erreichen Sie Ihre Ziele.

Wie wir kommunizieren, ist wichtig

Um wirkungsvoll kommunizieren zu können, müssen wir uns außerdem bewusst machen, dass vor allem die Art und Weise, WIE wir kommunizieren, und weniger, WAS wir kommunizieren, den Erfolg bestimmt. Kommunikation ist viel mehr als nur die Summe der Wörter, die wir verwenden.

Untersuchungen weisen nach, dass mehr als die Hälfte der Wirkung durch die Körpersprache (Körperhaltung, Gestik, Mimik), ein weiterer großer Teil über die Tonalität (Stimmlage, Sprechweise) und nur ein kleiner Teil über den Inhalt, also die Wörter, erzielt wird. Nicht das, was wir sagen, überzeugt, sondern wie wir es sagen. Wenn Sie in leisem, schwankendem Ton und mit gekrümmten Rücken sagen: „Ich habe hier eine wirklich tolle Idee und bin sicher, dass sie viel bewirken wird.“, dann werden Sie nur wenig überzeugend sein, denn: Man nimmt Ihnen die Begeisterung nicht ab, weil es einen Widerspruch zwischen Ihrer Körperhaltung und Tonalität und dem Inhalt gibt. Achten Sie ganz bewusst bei der Kommunikation darauf, dass Ihre Stimme, Ihre Haltung und Ihr Gesichtsausdruck zu dem passen, was Sie vermitteln möchten – so werden Sie überzeugen und begeistern.

BASICS

- Überlegen Sie sich genau, was Sie von einem Gespräch erwarten.
- Achten Sie auf die nonverbale Kommuni-kation Ihres Gesprächspartners.
- Vermeiden Sie Vereinfachungen, Verzerrungen und Verallgemeinerungen bei Ihrer Wortwahl.
- Bemühen Sie sich darum, alles im Gespräch Gesagte zu verstehen und fragen Sie notfalls nach.

Schätzen Sie andere besser ein

Jeder Mensch ist ein einzigartiges Individuum mit ihm eigenen Präferenzen, Bedürfnissen und Arten, die Umwelt wahrzunehmen. Wenn wir in der Lage sind, die Eigenheiten unserer Mitmenschen zu entschlüsseln, dann können wir uns besser auf sie einstellen und viele Missverständnisse vermeiden.

Jeder Mensch ist anders – finden Sie es heraus!

Finden Sie heraus, wie unterschiedlich Menschen Informationen aus der Umwelt wahrnehmen und intern verarbeiten, und gehen Sie darauf ein.

1 Wie nehmen Sie die Umwelt wahr?

Bei der Wahrnehmung spielen unsere fünf Sinne Hören, Sehen, Fühlen, Riechen, Schmecken eine große Rolle, denn über sie erfahren wir die Welt und genauso speichern wir die Informationen auch im Gehirn ab: als Ton oder Gespräch, als Bild oder Film, als Gefühl, als Geruch oder als Geschmack. Probieren Sie es doch einmal aus. Denken Sie an Ihren letzten Restaurant- oder Kneipenbesuch. Vielleicht sehen Sie ein Bild oder einen Film vor Ihrem inneren Auge. Oder Sie hören innerlich Gespräche. Vielleicht schmecken Sie sogar das Essen oder Ihr Getränk. Oder Sie erleben noch einmal das gute Gefühl?

2 Finden Sie heraus, wie der andere tickt

Wenn Sie wissen wollen, ob Ihr Gegenüber eher ein visueller (sehen) oder auditiver (hören) oder kinästhetischer (fühlen) Typ ist, brauchen Sie ihm nur zuzuhören und ihn gut zu beobachten. Visuelle Typen erwähnen oft Dinge, die man sehen oder anschauen kann, verwenden gerne Grafiken und Anschauungsmaterial, gehen oft in Ausstellungen oder schätzen bei Kinofilmen die schönen Bilder. Sie gebrauchen auch bevorzugt Wörter wie schauen, sehen, betrachten, beobachten, Überblick, Durchblick etc.

Auditive Typen mögen Gespräche, Diskussionen, Vorträge, Musik oder Stille, lesen gerne

Lyrik und können sich Gesprochenes oft sehr gut merken. Sie schätzen an Kinofilmen den Wortwitz und intelligente Dialoge. Sie verwenden häufig Wörter wie: reden, diskutieren, hört sich gut an, das spricht mich an, erklär mir das, etwas versprechen etc.

Kinästhetische Typen sind eher die Macher-Typen, schätzen Beispiele und praktische Anwendungen, mögen Sport, lieben Faulenzen oder Wellness und lieben Kinofilme wegen der Gefühle, die sie auslösen. Begriffe wie fühlen, spüren, packen, greifen, in den Griff bekommen, das empfinde ich anders, das kann ich begreifen sind typische kinästhetische Wörter.

3 Stellen Sie sich auf den anderen ein

Wenn Sie wissen, welche bevorzugten Wahrnehmungs- und Verarbeitungskanäle der andere hat, dann können Sie darauf Rücksicht nehmen und sich dem anpassen. Wenn Sie einem Visuellen Ihr Angebot erklären möchten, dann sollten Sie das anhand von Schaubildern oder Skizzen tun.

Der auditive Typ möchte lieber eine flüssige Aufzählung der Inhalte oder Besonderheiten. Und der Kinästhetische möchte es ausprobieren, oder in die Hand nehmen können und wenn beides nicht möglich ist, dann konkrete Anwendungsbeispiele bekommen.

4 Denken Sie an alle

Wenn Sie eine größere Gruppe vor sich haben, dann sollten Sie einfach darauf achten, dass jeder Typ irgendwie bedient wird, dass für jeden etwas dabei ist. Achten Sie vor der Planung von Partys, Meetings, Präsentationen oder Kaffeekränzchen auf die unterschiedlichen Bedürfnisse. Sie werden sehen und hören und fühlen, dass das sehr gut ankommt.

Typen bestimmen in der TV-Talkshow

Um Ihre Fähigkeit zu schulen, andere schnell einzuschätzen bzw. den jeweiligen Typen zuzuordnen, eignen sich TV-Talkshows sehr gut. Hören Sie genau zu und achten Sie auf die verwendeten visuellen, auditiven oder kinästhetischen Worte. Stricheln Sie mit, wer welche Worte wie oft verwendet. Am Ende der Show wissen Sie dann, welcher Talkgast welchem Wahrnehmungstyp zuzuordnen ist.

Jeder hat bevorzugte Wahrnehmungskanäle

Angenommen, Sie würden mit zwei Freunden Ferien in einem Hotel machen und beim Heimkommen werden Sie gefragt: „Wie war's?" Dann kann es sein, dass der erste Freund sagt: „Es war so schön, wir hatten eine gigantische Aussicht vom Hotelzimmer aus." Der zweite Freund sagt: „Das Beste war aber diese unglaubliche Ruhe. Nur ein paar Kuhglocken, sonst nichts." Und Sie finden: „Ich fand's toll, weil sie einen umwerfenden Wellnessbereich hatten. Dort konnte man so richtig die Seele baumeln lassen." Diese sehr unterschiedlichen Antworten sind ganz natürlich, denn jeder hat einen oder zwei bevorzugte Wahrnehmungskanäle. Je nachdem achten Sie auf andere Dinge.

Der Hin-Zu- oder Weg-Von-Typ

Es gibt zwei grundsätzliche Motivationstypen: Der erste lässt sich von etwas überzeugen, wenn er die Vorteile, die Ergebnisse und den Nutzen eines Verhaltens kennt. Der zweite wird aktiv, wenn er erkennt, welche Nachteile es hätte, wenn er nicht handeln würde.

An einem Beispiel ausgedrückt: Angenommen, es geht um das Vorhaben „mehr Sport machen". Der Hin-Zu-Typ ist motiviert, wenn er sich vorstellt, wie es ist, wenn der Körper schön straff ist, die Fitness von Tag zu Tag zunimmt und die Muskeln wachsen. Der Weg-Von-Typ packt es anders an: Er stellt sich vor, wie er immer dicker und schwabbeliger wird und bei jeder Treppe das Schnaufen beginnt. Sie können diesen Typ erkennen, wenn Sie ihm genau zuhören. Redet er oft davon, was er nicht will, welche Gefahren es gibt, welche Hindernisse zu überwinden sind und was alles passieren kann?

Der Groß-Chunker und der Klein-Chunker

Unter Chunks verstehen wir Informationseinheiten. Manche Menschen geben Informationen gerne sehr genau, detailliert und spezifisch weiter, andere wiederum eher allgemein, global und ungenau. Fragen Sie mal Ihren Nachbarn, wie es im Urlaub war. Sagt er: „Schön", dreht sich um und geht? Dann wissen Sie: Er ist ein Groß-Chunker. Lehnt er sich an den Türrahmen und beginnt zu erzählen, wie es war, als er das Taxi bestellt hat für die Fahrt zum Flughafen und was er dort alles erlebt hat usw. Dann ist klar: Das ist ein Klein-Chunker. Auch in Meetings kennen Sie das sicherlich: der Klein-Chunker, der nicht aufhört zu reden und nicht zum Punkt kommt, genau wie den Groß-Chunker, der sich nur in Stichworten äußert.

Wichtig ist, selbst eine Balance zu finden und vor allem, sich auf den anderen einzustellen: Einen Groß-Chunker mit endlosen Details zu versorgen, würde ihn abstoßen, genauso wie einen Klein-Chunker, wenn Sie ihm nur zwei oder drei Brocken hinwerfen. Finden das jeweilige Chunk-Level heraus und passen Sie sich ihm an, das bewirkt oft Wunder. Denn auch durch das Angleichen der Chunkgröße kann man einen guten Draht herstellen.

Vergangenheits- oder zukunftsorientiert

Auch in der Zeitorientierung unterscheiden sich die Menschen grundsätzlich. So gibt es den eher kreativen, visionären, nach vorne gerichteten Typen, dessen Blick meistens in die Zukunft gerichtet ist. Dieser probiert gern Neues aus und hat viele Ideen. Er ist im Wesentlichen zukunftsorientiert.

Der vergangenheitsorientierte Typ dagegen blickt immer wieder zurück in die Vergangenheit: Was hätte man anders machen können, wie lassen sich Probleme aus früheren Erfahrungen lösen? Dazu gibt es noch den gegenwartsorientierten Typen, das ist der Macher, der gerne etwas umsetzt, ausprobiert und anpackt. Alle drei haben wichtige Funktionen, aber wenn sie zusammenkommen, gibt es oft Zündstoff für Konflikte. Jeder dieser genannten Typen ist gut und nützlich. Es kommt nur darauf an, in welcher Situation. Am besten ist es, flexibel zu bleiben.

BASICS

- Lassen Sie sich auf die besondere Art Ihrer Mitmenschen ein, versuchen Sie sie zu begreifen.
- Finden Sie den Wahrnehmungskanal (visuell, kinästhetisch, auditiv) Ihres Gesprächspartners heraus.
- Überlegen Sie, wer zu welchem der zwei Motivationstypen gehört (Hin-Zu-Typ oder Weg-Von-Typ).
- Hören Sie das jeweilige Chunk-Level des Menschen heraus.
- Erkennen Sie, ob Ihr Gegenüber eher in die Vergangenheit, in die Gegenwart oder die Zukunft schaut.

Kümmern Sie sich um Ihr soziales Leben!

Unser soziales Leben drückt sich in den Menschen aus, mit denen wir in Kontakt stehen, und zwar nicht nur im beruflichen, sondern auch im privaten Bereich. Für den eigenen Erfolg und die Zufriedenheit ist es wichtig, ein aktives soziales Leben zu führen.
Ab und zu sollten wir eine Standortbestimmung machen. Wie ist es im Moment um meine Kontakte bestellt? Gehen Sie diese Frage ruhig ein wenig strategisch an.

Klarheit verschaffen und Konsequenzen ziehen

Anhand einer Übersicht können Sie sehr gut erkennen, wie es derzeit um Ihr soziales Leben bestellt ist. Ändern Sie etwas an den Stellen, die Ihnen wichtig sind – am besten gleich heute!

1 Machen Sie eine Bestandsaufnahme

Erstellen Sie eine Liste mit vier Spalten (Freunde, Bekannte, Familie, Geschäftspartner). Tragen Sie in jede Spalte all diejenigen Personen untereinander ein, mit denen Sie Kontakt haben.
Lassen Sie sich ruhig ein wenig Zeit, denn meist fallen einem nach und nach noch einige Personen ein. Bleiben Sie dabei ehrlich – selbst wenn sich in der Spalte „Freunde" keine oder nur ganz wenige Namen finden sollten.

2 Prüfen Sie die Wichtigkeit und Häufigkeit dieser Kontakte

Notieren Sie hinter oder unter jeder Person, wie wichtig sie Ihnen ist. Am besten verwenden Sie aus Platzgründen die folgende Skalierung: A = sehr wichtig, B = wichtig, C = weniger wichtig, D = überhaupt nicht wichtig.
Schreiben Sie nun hinter jede Person, wie häufig Sie diese persönlich sehen, indem Sie diese Skalierung vergeben (am besten in einer anderen Farbe): 1 = mindestens 1 mal pro Woche, 2 = 2-3 mal im Monat, 3 = 1mal pro Monat, 4 = alle 2-3 Monate, 5 = 2-3 mal pro Jahr, 6 = 1 mal pro Jahr, 7 = seltener

3 Prüfen Sie, wie zufrieden Sie mit der Häufigkeit dieser Kontakte sind

Natürlich ist die Häufigkeit kein gutes Richtmaß dafür, wie stark oder gut Ihre Beziehung zu diesen Personen ist, dennoch ist es sehr hilfreich, die Beziehung dahingehend zu beurteilen, ob Sie mit der Kontakthäufigkeit (☹) unzufrieden, (😐) teils / teils oder (☺) zufrieden sind.

Lassen Sie sich nur von Ihrem Gefühl steuern und nicht von rationalen Überlegungen wie „eigentlich müsste ich Großtante Erna ja häufiger besuchen…“. Hier geht es nur darum, was Sie WOLLEN und nicht was Sie glauben, dass richtig wäre.

4 Unerwünschte Kontakte reduzieren oder angenehmer gestalten

Prüfen Sie, ob nicht einige Kontakte da sind, an denen Ihnen eigentlich nichts liegt, die Sie nur aufgrund von Höflichkeit und Rücksicht aufrechterhalten. Oder aus familiären Gründen.

Manche dieser Kontakte können Sie eventuell langsam einschlafen lassen. Rufen Sie nicht mehr (so häufig) an und betonen Sie bei Treffen nicht mehr Gemeinsamkeiten, sondern – sanft – Unterschiedlichkeiten. Bei anderen, wie z. B. notwendigen Familientreffen, können Sie sich überlegen, ob Sie die Treffen etwas reduzieren oder wie Sie die Verabredungen angenehmer gestalten können. Sie könnten z. B. etwas kürzer ausfallen, an einem anderen Ort stattfinden oder Ablenkung durch ein „Hintergrund-Programm“ bekommen. Finden Sie heraus, was Sie bisher stört und wie man dies reduzieren kann.

5 Die Dosierung der sozialen Kontakte ist wichtig

Der Mensch ist ein soziales Wesen – aber jeder auf seine eigene Weise und mit seinen eigenen Vorlieben. Machen Sie sich Ihre Bedürfnisse bewusst und handeln Sie danach. Sorgen Sie für eine für Sie richtige Ausgewogenheit aus der Pflege von sozialen Kontakten und Rückzug ins Alleinsein.

Öfter nachprüfen!

Eine regelmäßige Standortbestimmung zeigt, ob Sie noch auf dem richtigen Weg sind. Heben Sie Ihre Liste auf und nehmen Sie sich ab und zu die Zeit, sie zu betrachten und zu prüfen, ob sich etwas verändert hat – zum positiven oder womöglich zum negativen! Werden Sie schnell aktiv, wenn Sie Handlungsbedarf erkennen.

Soziale Kontakte sind wichtig

Ein gesundes soziales Leben ist wichtig, wenn wir in Zufriedenheit und Erfüllung leben wollen. Beziehungen zu anderen Menschen erweitern unseren Horizont, lassen uns andere Sichtweisen kennen lernen, neue Erfahrungen machen und sogar eigene Probleme relativieren. Dabei sollten wir unterscheiden zwischen Freunden, Bekannten, Familie und Geschäftspartnern.

Freunde sind Menschen, mit denen man eine gemeinsame Wertewelt teilt, denen man vertraut, denen man in Notsituationen sofort helfen würde, die man als Persönlichkeit sehr schätzt – unabhängig von ihrem Status, Beruf und Vermögen

Mit einem Bekannten verknüpft man meist eine bestimmte Gemeinsamkeit: Arbeitskollegen (gemeinsame Arbeit), Nachbarinnen (gemeinsame Wohnsituation), andere Mütter, Squashpartner etc. Fällt die Gemeinsamkeit z. B. durch Umzug oder Arbeitswechsel weg, schläft auch der Kontakt meist recht schnell ein.

Familie ist immer eine ganz besondere Spezies des sozialen Kontaktes: Familienmitglieder sucht man sich nicht aus, man wird in die Familie hineingeboren. Die Beziehungen zu vielen Verwandten sind oft sehr emotionsgeladen – im positiven wie im negativen Sinne.

Ebenfalls eine nicht unbedeutende Rolle spielen Geschäftspartner bzw. all die Menschen, zu denen wir Kontakt halten (sollten), damit wir unsere berufliche Situation festigen oder weiterentwickeln können.

Welcher soziale Typ sind Sie?

Soziale Kontakte zu haben, sie neu zu knüpfen und zu pflegen sind die Voraussetzung für ein erfülltes soziales Leben. In welchem Maße wir dies tun, hängt sehr stark davon ab, welcher Persönlichkeitstyp wir sind: Die einen sind eher extrovertierte Menschen, die anderen eher introvertiert.

Extravertierte lieben es, mehrere Abendverabredungen pro Woche zu haben, einen großen Bekanntenkreis zu pflegen, stundenlang zu telefonieren, gemeinsam mit Kollegen in Urlaub zu fahren oder große Familienfeste zu feiern.

Für Introvertierte jedoch trifft genau das Gegenteil zu: Sie leben eher zurückgezogen, telefonieren nur, wenn es notwendig ist, und dann auch nur kurz, sie haben – wenn überhaupt – nur einige wenige Freunde und kaum Bekannte, gehen nicht so gerne aus und bleiben auf Feiern oder Veranstaltungen mit vielen Menschen meist nur möglichst kurze Zeit.

Gute Kontakte pflegen und aufleben lassen

Betrachten Sie Ihre Bestandsaufnahme: Stehen in jeder Spalte Namen? Wenn eine Kategorie leer geblieben ist oder Sie der Meinung sind, dass hier zu wenige stehen, dann überlegen Sie sich, wie Sie neue Kontakte generieren können.

Geschäftskontakte können auf spezifischen Veranstaltungen, auf Netzwerkpartys oder -plattformen, auf offenen Abenden oder Messen gewonnen werden. Wichtig ist, dass Ihre innere Haltung dabei offen und kontaktfreudig ist – wenn auch nur für ein paar Stunden.

Den Bekanntenkreis können Sie erweitern, indem Sie bei Ihnen sympathischen Personen Vorschläge für Unternehmungen, Einladungen oder Treffen machen, die den gemeinsamen Anknüpfungspunkt oder ein gemeinsames Interesse betonen.

Z. B. mit einer anderen Mutter bei einem gemütlichen Cappuccino über die Schule reden oder zusammen zum Laufen gehen oder bestimmte Ausstellungen besuchen. Lassen Sie dann eine gewisse Regelmäßigkeit oder ein Ritual entstehen, wenn Ihnen die Treffen gefallen.

Aus manchen Bekannten werden mit der Zeit auch Freunde. Das merken Sie daran, dass sich Ihre Beziehung langsam von der ursprünglichen Gemeinsamkeit entfernt und sozusagen aus sich selbst heraus besteht.

Wenn Sie neue gemeinsame Erfahrungen machen, sich immer Privateres anvertrauen oder bei Problemen den anderen um Rat fragen etc. Manchmal muss man als Erster die Schritte in Richtung Freundschaft machen.

BASICS

- Schreiben Sie Ihre sozialen Kontakte auf und bewerten Sie diesen Kontakt.
- Machen Sie sich Gedanken, wie zufrieden Sie mit der Häufigkeit des Kontaktes sind und andern Sie etwas, wenn Sie unzufrieden sind.
- Erlauben Sie sich, auch mal alleine sein zu dürfen, wenn Sie das möchten.
- Springen Sie über Ihren Schatten und fragen Sie Ihnen sympathische Menschen nach gemeinsamen Unternehmungen.
- Pflegen Sie gute Freundschaften.

4 Beruf & Finanzen

Matthias befindet sich gerade in einer beruflichen und finanziellen Krise. Seine Karriere hat sich leider keineswegs so entwickelt, wie er es geplant und sich vorgestellt hat. Nach seinem BWL-Studium stieg er bei einer Unternehmensberatung ein und war voller Vertrauen in seine berufliche Entwicklung.

Er akzeptierte, dass gerade in der Anfangszeit auch Tätigkeiten gefordert wurden, die ihm nicht so lagen: Zahlen- und Datenanalysen ohne Kundenkontakte. Er akzeptierte auch, dass sein Arbeitseinsatz weit über die normale vereinbarte Arbeitszeit hinausging. Und er nahm hin, dass sein Gehalt noch nicht die erhoffte Höhe hatte.

Nach sieben Jahren zog Matthias ernüchtert Bilanz: Er übt eine Tätigkeit aus, die ihm nicht sonderlich Spaß macht. Ihm fehlen gänzlich berufliche Kontakte. Ein Privatleben findet aufgrund seines hohen Arbeitseinsatzes so gut wie gar nicht statt. Und er hat jahrelang über seine finanziellen Verhältnisse gelebt.

So bitter diese Situation auf den ersten Blick erscheinen mag, so steckt in jeder Krise auch immer eine Chance: Die Chance, jetzt etwas zu verändern, und aktiv etwas für seinen persönlichen beruflichen Erfolg zu tun.

Mehr Zufriedenheit im Job

Jeder von uns sollte sich immer wieder einmal (mindestens zweimal im Jahr) die Zeit nehmen, um eine Standortbestimmung vorzunehmen. Wo stehen Sie gerade in Ihrem Job? Finden Sie Schritt für Schritt heraus, was Ihnen wichtig ist an Ihrem Job und wie gut es Ihnen im Moment mit den Kollegen, Chefs, Aufgaben und Arbeitsbedingungen geht.

In einen kreativen Zustand kommen

Nehmen Sie sich eine halbe Stunde Zeit, machen Sie es sich gemütlich und versetzen Sie sich in einen guten, offenen, kreativen Zustand. Tun Sie für die kommenden 15 bis 20 Minuten so, als würden Sie vor einem Neuanfang stehen, so als könnten Sie aus einem Meer an Möglichkeiten und Optionen schöpfen. Alles ist erlaubt, alles ist richtig.
Diese Haltung ist sehr wichtig, denn wer sich nur an der alltäglichen Gegenwart orientiert, wird niemals alle Potenziale ausschöpfen können.

1 Analyse

Was ist Ihnen wichtig an einem Job? Um das herauszufinden, nehmen Sie zunächst eine Art Brainstorming vor: Suchen Sie sich Schreibzeug und notieren Sie alles, was Ihnen zu der Frage „Was ist mir bei einer Arbeit wichtig?" spontan in den Sinn kommt, auf einzelne Zettel. Denken Sie nicht weiter nach, sondern schreiben Sie ohne jede innere Bewertung Wörter auf, die Ihnen zu diesem Thema einfallen. Das können abstrakte Begriffe sein wie z. B. Erfolg, Selbstbestätigung, Freiheit, Macht, Wohlstand, Verantwortung oder auch konkrete, z. B. sympathische Kollegen, keine Überstunden, mit öffentlichen Verkehrsmitteln erreichbar, kein Großraumbüro, Kinderbetreuung vor Ort etc.

2 Stehen Sie kurz auf

Wenn Ihnen nichts mehr einfällt, stehen Sie auf und gehen Sie ein bisschen auf und ab, das löst meist noch einmal einen kreativen Schub aus.

Sie werden feststellen, dass Sie in 10-15 Minuten einen ganzen Stapel an Begriffen zusammenbekommen haben.

3 Ordnen Sie nach Prioritäten

Legen Sie nun alle Zettel übersichtlich vor sich aus und beginnen Sie damit, die gefundenen Begriffe in eine Rangfolge zu bringen. Solche Entscheidungen trifft man leichter „aus dem Bauch heraus“, also spontan und emotional, als durch rationale Überlegungen. Die im Folgenden beschriebene Methode ist sehr nützlich, um sich über die eigenen Prioritäten klarer zu werden, auch wenn sie sich am Anfang ein wenig kompliziert anhören mag.
Versuchen Sie es auf diese Weise: Sie nehmen zwei Zettel und fragen sich: „Ist es ok, wenn ich X habe, aber nicht Y?“. Wenn die Antwort „Ja“ lautet, dann ist X vor Y in der Rangliste. Wenn die Antwort „Nein“ gewesen wäre, dann wäre Y vor X. Nehmen Sie nun einen neuen Zettel und fragen Sie: „Ist es ok, wenn ich Z, aber nicht Y habe?“ Wenn die Antwort „Ja“ ist, dann ist Z vor Y.

Dazu ein Beispiel: Angenommen, wir wollen die drei Begriffe „gute Bezahlung“, „Verantwortung“ und „geregelte Arbeitszeiten“ in eine Rangordnung bringen. Ich frage zunächst: „Ist es ok, wenn ich geregelte Arbeitszeiten aber keine Verantwortung habe?“ Meine Antwort lautet: „Nein“. Also ist im Moment Verantwortung auf Rang 1 und geregelte Arbeitszeiten auf Rang 2. Nun nehme ich „gute Bezahlung“ hinzu und frage: „Ist es ok, wenn ich eine gute Bezahlung, aber keine geregelte Arbeitszeit habe?“. Meine Antwort ist „Ja“, die gute Bezahlung liegt also vor der geregelten Arbeitszeit. Ist eine gute Bezahlung aber auch wichtiger als Verantwortung? Ich frage mich also: „Ist es ok, wenn ich eine gute Bezahlung aber keine Verantwortung habe?“ Meine Antwort ist „Nein“, also ist Verantwortung auf Rang 1, gute Bezahlung auf Rang 2 und geregelte Arbeitszeit auf Rang 3.

Der Aha-Effekt

Bei diesem Vorgehen erleben viele Menschen immer wieder Überraschungen, weil sie manches rein rational wichtiger als anderes eingestuft hätten, gefühlsmäßig sind sie aber voll und ganz vom Ergebnis überzeugt. Machen Sie sich auch auf solche Überraschungsmomente gefasst!

Was macht Zufriedenheit im Job aus?

Beruf und Arbeit nehmen einen ganz bedeutenden Stellenwert in unserem Leben ein. Allein schon der tägliche zeitliche Aufwand ist enorm: Etwa ein Drittel bis zur Hälfte unserer Wachzeit verbringen wir mit der Arbeit – manche Menschen verbringen sogar mehr Zeit mit ihrem Arbeitskollegen als mit dem / der Partner(in).

Wie wichtig es ist, zufrieden mit der Arbeit zu sein, weiß ein jeder, der es eben nicht ist. Arbeitszufriedenheit macht ausgeglichen, selbstsicher und erfolgreich. Unter welchen Umständen aber eine hohe Arbeitszufriedenheit zu erreichen ist, kann nur individuell beantwortet werden. Für den einen ist es ein gutes Einkommen, das einen bestimmten Lebensstandard und damit auch gesellschaftliche Zugehörigkeiten schafft, für den anderen ist es der berufliche Status, der auch einen gesellschaftlichen Status sicherstellt. Ist es das Gefühl, Teil eines großen Ganzen zu sein? Ist es der Spaß und die Freude an den täglichen Aufgaben? Oder ist es das Sinnvolle einer Arbeit, das uns glücklich macht?

Eine allgemeingültige Antwort darauf gibt es nicht, denn die Ansichten, Einstellungen und Haltungen bei dieser Frage sind bei jedem Menschen anders. Sie haben sich bereits mit Ihren Werten bezogen auf Ihren Job auseinandergesetzt und sogar eine Hierarchie dieser Werte erstellt. Gehen wir nun einen Schritt weiter.

Fassen Sie Ihre Begriffe genauer

Falls „ein gutes Gehalt“ zu den von Ihnen gewählten Prioritäten gehörte, ist das noch zu allgemein formuliert. Denn natürlich bedeutet ein gutes Gehalt für jeden Menschen etwas anderes und auch Ihre eigenen Vorstellungen darüber ändern sich möglicherweise mit der Zeit: Was für einen Anfänger noch eine gute Bezahlung war, ist nach zehn Jahren nicht mehr akzeptabel.

Denken Sie darüber nach, was Sie konkret unter einem guten Gehalt verstehen: z. B. in Euro auf der monatlichen Gehaltsabrechnung oder als Höhe eines zusätzlichen Gehalts oder die Möglichkeit, leistungsbezogene Prämien zu erhalten. Es gibt viele Möglichkeiten, gute Bezahlung zu konkretisieren.

Versuchen Sie anschließend, auch die fünf bis sieben nächstwichtigen Begriffe in Ihrer Rangfolge genauer zu definieren. Fragen Sie sich: „Woran genau kann ich erkennen, dass dieser Wert erfüllt ist?“ Z. B. bei dem Thema „Verantwortung“: Wenn Sie allein wichtige Kunden betreuen dürfen?

Wenn Sie über ein eigenes Budget verfügen? Wenn Sie maßgebliche Entscheidungen ohne Rückfragen bei Vorgesetzten treffen dürfen?
Oder der Wert „Abwechslung“: Bedeutet das für Sie täglich etwas Neues zu tun oder dass der der Alltag nicht nur zur reinen Routine geworden ist?
Notieren Sie diese Definitionen neben den Begriffen in Ihrer Rangliste. Sie haben damit eine Beschreibung Ihrer idealen Arbeitsstelle, die Sie nun mit Ihrer gegenwärtigen Situation vergleichen sollten.

Aktiv Veränderungen einleiten

Sie sehen nun ziemlich klar, wie es mit Ihrer Arbeitszufriedenheit bei Ihrem derzeitigen Job bestellt ist. Analysieren Sie genau, in welchen Punkten die Realität besonders stark von Ihrem „Traumjob“ abweicht. Überlegen Sie, in welchen Bereichen Veränderungen zum Positiven möglich wären – Gespräche, in denen Sie genaue Vorstellungen haben und konkrete Vorschläge machen können, werden Sie immer ein gutes Stück nach vorne bringen.
Und falls die Abweichungen zu den von Ihnen gewünschten Arbeitsbedingungen so groß scheinen, dass nur ein Stellenwechsel die Situation verbessern könnte, wissen Sie nun, worauf Sie bei der Stellensuche besonders achten müssen und wo Sie nur begrenzt Kompromisse eingehen sollten.
Wägen Sie genau ab, was Ihnen wie viel Wert ist, und sorgen Sie für eine Verbesserung in der Gesamtbilanz.
Leiten Sie die Veränderungen möglichst zeitnah ein und Sie werden noch zufriedener und ausgeglichener in Ihrem Leben sein. Schieben Sie also nichts auf die lange Bank, das sorgt nur für innere Unruhe.

BASICS

- Analysieren Sie durch eine Prioritätenliste, was Ihnen wichtig bei einer Arbeitsstelle ist.
- Präzisieren Sie die Begriffe.
- Vergleichen Sie Ihre Ergebnisse mit den realen Arbeitsbedingungen.
- Leiten Sie gezielt durch passende Maßnahmen positive Veränderungen ein.

Bauen Sie sich berufliche Netzwerke auf

Kontakte ist ein kaltes und unpersönliches Wort. Doch hinter Kontakten stehen Menschen mit Erwartungen, Bedürfnissen, Werten und Gefühlen. Bei einem guten Networking geht es nicht darum, Kontakte wie Trophäen zu sammeln, sondern darum, mit Menschen in einen kontinuierlichen, respektvollen, konstruktiven Austausch zu treten, von dem beide Seiten profitieren sollen.

Ein starkes Netz gibt Sicherheit

Wer ein gutes, starkes Netzwerk im Rücken hat, der kann sich glücklich schätzen, denn er weiß, dass er Menschen um sich hat, die ihn unterstützen und ihm Sicherheit bieten. Es lohnt sich also, gezielt ein Netzwerk aufzubauen und sich um die Menschen aktiv zu kümmern – Networking ist schließlich ein gegenseitiges Geben und Nehmen.

1 Legen Sie sich ein Netzwerkbuch an

Damit Sie immer den Überblick über Ihre Netzwerkaktivitäten haben, sollten Sie sich ein Netzwerkbuch zulegen. Das kann entweder Ihr Adress- oder Notizbuch sein, wenn Sie noch Platz für zusätzliche Notizen haben oder aber auch ein eigens dafür angelegtes Heftchen. In dieses Buch tragen Sie alle Menschen ein, die Sie kennen und die Ihnen im beruflichen Kontext bedeutsam erscheinen.

2 Welche Kontakte sind Ihnen im Moment wichtig?

Überlegen Sie sich zunächst, welche dieser Menschen, also Kontakte, wichtig sind für die Erreichung Ihrer beruflichen Ziele. Denken Sie darüber nach, in welcher Weise Ihnen der jeweilige Netzwerkpartner nützlich sein könnte und notieren Sie dies stichpunktartig in Ihrem Netzwerkbuch.

Vergeben Sie anschließend Wichtigkeitspunkte: 5 Punkte für sehr wichtig, 1 Punkt für zurzeit nicht wichtig. Widmen Sie sich zunächst nur den 4- und 5-Punkte-Kontakten.

3 Pflegen Sie bestehende Kontakte

Kontakte pflegen bedeutet, dass Sie sich mit Ihrem Netzwerkpartner regelmäßig austauschen, am besten persönlich und in einem direkten Gespräch. Planen Sie mindestens einmal pro Woche ein Mittag- oder Abendessen oder Kaffeetrinken dafür ein. Gehen Sie also nicht immer mit den gleichen Kollegen zum Mittagessen, sondern wechseln Sie einmal in der Woche Ihre Kantinenpartner. Lassen Sie sich auf Feiern, Veranstaltungen oder Stammtischen sehen. Sprechen Sie mit verschiedenen Personen, zeigen Sie Interesse.

Häufige Kontakte erzeugen eine Atmosphäre der Vertrautheit und die ist wichtig für eine gute (Geschäfts-)Beziehung. Aktivieren Sie Kontakte aus Ihrer Schul-, Ausbildungs- oder Studentenzeit. Über Jahrestreffen oder Alumni-Aktivitäten können Sie alte Bekannte wieder treffen. Meist sind das sehr wertvolle Kontakte, weil hier von Anfang an eine besondere Vertrautheit herrscht.

4 Bauen Sie neue Kontakte auf

Setzen Sie sich das Ziel, jeden Monat eine bestimmte Anzahl neuer Kontakte aufgebaut zu haben, die für Ihren beruflichen Erfolg wichtig sein könnten. Am besten nutzen Sie hierfür bereits bestehende Kontakte, weil hier sofort eine klare Verbindung und Gemeinsamkeit besteht. Stellen Sie sich gegenseitig Bekannte und Geschäftspartner vor. Machen Sie am besten gemeinsame Unternehmungen, das sorgt für eine lockere und ungezwungene Stimmung.

Auch im Internet finden sich eine Vielzahl von professionell geleiteten Netzwerkplattformen, die verschiedene Schwerpunkte haben: Business, Frauen, Selbstständige etc. Dort werden oftmals auch Netzwerkveranstaltungen organisiert, die sich gut eignen, um neue Kontakte zu knüpfen und interessante Menschen kennen zu lernen.

Auf aktuellem Stand halten

Tragen Sie in das Netzwerkheftchen immer wieder die Häufigkeit, die Qualität und auch das Ergebnis der Treffen mit den Kontakten ein. Auf diese Weise können Sie sehr gut beurteilen, welche Kontakte sich für Sie mehr lohnen und welche weniger.

In Netzwerke investieren lohnt sich!

Ein gut funktionierendes, weitläufiges Netzwerk ist Garant für persönlichen und beruflichen Erfolg. Manche sagen: Sie sind mehr wert als jede Werbung. Es lohnt sich also, in Netzwerke zu investieren in Form von Zeit, Energie und auch ein wenig Geld, z.B. wenn Sie mit jemandem Mittag-essen gehen.

Was passiert auf einem Netzwerktreffen?

Ein Netzwerktreffen sollte gut vorbereitet sein, damit es Sie einen Schritt weiterbringt auf Ihrem Weg zum Ziel. Verschaffen Sie sich einen Überblick, was Sie über Ihren Kontaktpartner wissen und wie er Sie bei welchen Aktivitäten unterstützen könnte. Formulieren Sie ein Ziel für sich. Was hätten Sie gerne als Ergebnis für diesen Abend? Je klarere Vorstellungen Sie haben, desto erfolgreicher wird dieses Treffen für Sie werden.

Natürlich soll auf einem solchen Treffen auch Platz für privaten Austausch und nettes Plaudern sein, das ist klar. Doch Sie sollten nach angemessener Zeit das Gespräch auf Ihre Themen lenken. Erzählen Sie von Ihren Plänen, Zielen, Visionen, Problemen oder Vorhaben. Fragen Sie Ihren Netzwerkpartner um Rat. Selbst wenn kein konkretes „Geschäft" am Ende des Treffens herauskommt, so weiß der andere ziemlich gut Bescheid über Ihre derzeitige Situation und kann deswegen bei passender Gelegenheit an Sie denken.

Bei Netzwerktreffen sollten Sie jedoch nicht nur eigene Interessen verfolgen, sondern daran denken, dass ein Netzwerk nur dann funktioniert, wenn es ein gegenseitiges Unterstützen und ein gleichberechtigter Austausch ist. Erkundigen Sie sich also auch nach den Zielen, Projekten, Vorhaben oder Problemen des anderen. Verteilen Sie die Zeit gerecht auf Sie beide.

Gibt es eigentlich auch unwichtige Kontakte?

Nein, es gibt keine unwichtigen Kontakte, höchstens zum jetzigen Zeitpunkt nicht wichtige. Sie können aber später sehr wichtig werden. Denken Sie nur an den Klassenkameraden, der plötzlich in bedeutender Position im kooperierenden Unternehmen auftaucht. Sie suchen wahrscheinlich in der Vergangenheit: Haben Sie sich damals gut mit ihm verstanden? Oder haben Sie ihn womöglich geärgert? Denken Sie daran, jedermann kann irgendwann wichtig für Sie werden – betrachten Sie deswegen jeden Menschen mit Wertschätzung und Respekt.

An dieser Stelle sei angemerkt, dass auch ein Kontakt einer Ihrer Kontakte wichtig für Sie sein könnte. Also nach dem Motto: Ich kenne jemanden, der einen kennt...". Und wenn Sie auf der Suche nach einem Experten, einem Spezialisten, einem Auftraggeber in einem bestimmten Bereich sind, dann sollten Sie Ihr Netzwerk nutzen. Tun Sie Ihre Suche kund, und zwar jemandem, von dem Sie glauben, dass er jemanden kennt, der Ihnen weiterhelfen kann. Er ist erstaunlich, wie sich über mehrere Ebenen der Personenkreis exponentiell vergrößert.

Das „Small-World"-Experiment

Dieser Gedanke geht auf das Aufsehen erregende „Small-World"-Experiment von Stanley Milgram (1967) zurück. Er bat 300 Versuchsteilnehmer, ein Päckchen an eine unbekannte Zielperson (Beruf Börsenmakler, aber ohne die Adresse zu nennen) in der Umgebung von Boston, USA zu verschicken. Falls sie die Person nicht kannten, sollten sie das Päckchen jemandem schicken, von dem sie glaubten, dass er sie kennen könnte. Nach durchschnittlich sechs Stationen war jedes der 300 Päckchen bei der richtigen Zielperson. Daraus entstand die Theorie, dass Menschen eines Netzwerks über sechs Kontakte miteinander in Verbindung stehen. Denken Sie also daran: Die Welt ist klein – und das ist gut für Sie. Je größer Ihr Netzwerk ist, desto mehr Kontakte bieten sich Ihnen und dies wächst exponentiell! Netzwerke helfen dann besonders, wenn in diesen aktiv und intensiv kommuniziert wird.

BASICS

- Halten Sie alle beruflich relevanten Kontakte in einem Netzwerkheft fest.
- Ordnen Sie sie nach Wichtigkeit und pflegen Sie diese Kontakte durch regelmäßigen Austausch und durch Treffen.
- Gewinnen Sie neue Kontakte, möglichst über die bereits bestehenden, und knüpfen Sie ein Netzwerk beruflich wichtiger Verbindungen.
- Denken Sie daran: Ein Netzwerk lebt durch gegenseitige Unterstützung!

Mit Geld besser umgehen

Manche Menschen sind tatsächlich erstaunt, dass das Minus auf dem Konto hauptsächlich daher kommt, dass einfach kontinuierlich mehr ausgegeben als eingenommen wird – und nicht durch besondere, unvorhersehbare Kosten, wie z. B. den Kauf einer neuen Waschmaschine.

So kommen die Finanzen ins Lot

Wer immer wieder im Minus ist, der hat eine Vielzahl von Möglichkeiten, um es in Zukunft in ein wunderschönes Plus zu verwandeln.

1 Machen Sie einen Kassensturz

Der erste Schritt zu einem besseren Umgang mit Geld ist, sich einen Überblick über die momentane finanzielle Situation zu verschaffen. Suchen Sie alle Spar- und Anlagekonten zusammen und machen Sie eine Bestandsaufnahme. Wo haben Sie im Moment wie viel Geld liegen? Vielleicht legen Sie eine Liste an, die Sie gegebenenfalls erweitern oder kürzen können.
So haben Sie Ihre finanziellen Reserven immer im Auge.

2 So bekommen Sie Überblick

Halten Sie zunächst auf zwei getrennten Listen alle Ihre monatlichen Ausgaben und Einnahmen fest. Beginnen Sie mit den Beträgen, die jeden Monat regelmäßig anfallen. Fügen Sie zu den Ausgaben noch einen möglichst realistischen Betrag hinzu, den Sie monatlich für variable Ausgaben benötigen. Eine gute Hilfe dabei sind Ihre Kontoauszüge, damit Sie keinen Posten vergessen und einschätzen können, ob der Betrag für variable Ausgaben wirklichkeitsnah ist.
Summieren Sie jeweils alle Einnahmen und Ausgaben und ziehen Sie die Gesamtausgaben von den Gesamteinnahmen ab. Nun ist der Moment der Selbsterkenntnis: Steht vor dem Ergebnis ein Minus oder steht dort ein Plus?

3 „Grünen Bereich“ festsetzen

Legen Sie einen neuen Ziel-Kontostand fest, der sich deutlich im Plus befinden sollte. Bleiben Sie realistisch, siedeln Sie ihn nicht höher an, als wirklich erreichbar scheint. Andererseits: Wer sich vornimmt, nur das monatliche Minus auszugleichen, der hat keinen Spielraum und wird schneller wieder im roten Bereich landen, als er denkt.

4 Weniger ausgeben

Ganz klar: Die Differenz zwischen Ihrem Minus und dem neu angesetzten Wunsch-Plus beträgt exakt die Summe, die Sie künftig monatlich einsparen müssen. Planen Sie genau, wie Sie diese Summe auf verschiedene flexible Posten verteilen können. Wenn Sie hier nicht ganz ehrlich mit sich selbst sind, wird bereits nach wenigen Monaten wieder alles beim Alten sein.

5 Ersatz für die Reduzierung schaffen

Einschränkungen tun weh – stärken Sie deshalb Ihren Willen zu konsequentem Sparen, indem Sie sich für jede Reduzierung einen möglichst passenden (aber billigeren!) Ersatz schaffen. Kam z. B. der Monatsbeitrag fürs Fitnessstudio auf den Index, sollten Sie sich ein privates Sportprogramm vornehmen oder sich für Kurse im örtlichen Turnverein anmelden. Wollen Sie teure Restaurantbesuche einsparen, planen Sie dafür gelegentliche Gourmet-Essen zu Hause mit Ihren Lieblingszutaten. Damit kommen Sie deutlich günstiger weg, müssen aber nicht auf den kulinarischen Genuss verzichten.

6 Bleiben Sie konsequent

Das A und O bei all diesen Maßnahmen ist, dass Sie sie wirklich konsequent durchführen. Widerstehen Sie allen Versuchungen, sich durch Ratenkäufe etc. neu zu verschulden. Ohne zum geizigen Knauserer zu werden, sollten Sie sich eine Scheibe von Dagobert Duck abschneiden und sich daran freuen, wie das Minus auf Ihrem Konto langsam wieder zu einem deutlichen Plus wird.

Gehaltszulage

Neben einer Verringerung der Ausgaben sollten Sie auch über eine mögliche Erhöhung der Einnahmen nachdenken. Sammeln Sie Argumente für eine Gehaltserhöhung, indem Sie Zusatzkompetenzen erwerben. Oder überlegen Sie, ob eine Nebentätigkeit für Sie in Frage kommt.

Was fühlen Sie, wenn Sie an Geld denken?

Viele Menschen haben eine sehr zwiespältige Einstellung zum Thema Geld. Einerseits wird uns schon von Kindheit an beigebracht, dass „Geld allein nicht glücklich macht“, dass es also viel wichtigere Dinge im Leben gibt als materiellen Reichtum und die Anhäufung von Besitztümern. Jeder kennt Menschen, die in finanziellem Wohlstand leben, aber ganz offensichtlich unglücklich sind. Wenn wir solche Geschichten mit Genugtuung aufnehmen, dann ist das ein guter Anlass, um über unsere Einstellung zum Geld nachzudenken.

Unsere innere Einstellung zum Geld ist wichtig

Tatsächlich bestimmt unsere Einstellung zum Thema Geld unseren finanziellen Erfolg. Prüfen Sie einmal, was die folgenden oft zu hörenden Allgemeinplätze über Geld bei Ihnen für Gefühle auslösen. Welche spiegeln eher Ihre eigene Einstellung?

Geld ist ein Unglück

„Reiche sind meistens unglücklich“, „Wer in Wohlstand lebt, hat nie Zeit“, „Wer viel Geld verdient, tut das meist auf Kosten anderer“, „Reiche Menschen sind selbstsüchtig und arrogant“, „Geld kann kein Ausdruck für Wertschätzung sein“, „Reiche Menschen haben keinen Sinn für immaterielle Werte“, „Wer viel Geld hat, verliert den Blick für die kleinen Dinge im Leben“, „Geld macht unglücklich und einsam“.

Geld haben tut gut

„Wer Geld hat, hat viele Chancen und Möglichkeiten“, „Viel Geld zu besitzen ist sehr beruhigend“, „Geld zu haben macht einfach Spaß“, „Am Ende des Monats ein dickes Plus auf dem Konto zu haben tut gut“, „Gute Leistung soll gut entlohnt werden“, „Ich spare gerne“, „Geld zu haben ist mir wichtig“, „Ich mag es, zu wissen, dass ich mir Sachen leisten kann“.

Geld ist alles

„Nur wer Geld hat, ist wer“, „In dieser Gesellschaft ist man nichts ohne Geld“, „Ohne materiellem Wohlstand wird man von vielen nicht akzeptiert“, „Nur wenn ich mir was leisten kann, fühle ich mich wohl“.

Wer eher negative Einstellungen hat, der wird sich schwerer tun, sich auf finanziell gute Füße zu stellen als Menschen mit einer positiven Einstellung gegenüber Geld. Genauso schlecht ist es, sich nur über materiellen Erfolg zu definieren. Die Aussagen im mittleren Block spiegeln eine Haltung gegenüber Geld und Reichtum wider, die günstig ist.

Motivieren Sie sich zum Sparen

Monatlich einen festen Geldbetrag zu sparen gibt Ihnen früher oder später finanzielle Sicherheit. Egal ob Sie sich damit später Anschaffungen leisten oder den Erwerb einer Immobilie in Betracht ziehen, am wichtigsten ist das Gefühl zu wissen, für alle Fälle gibt es ein Polster, auf das Sie zurückgreifen können.

Denken Sie auch an Ihre Kinder, falls Sie welche haben: Wer früh selbst kleine Beträge, z. B. monatlich 25 Euro, für sie spart und gut investiert, der eröffnet dem erwachsenen Kind viele Möglichkeiten und Sie schaffen für sich selbst ein Gefühl der Verantwortung.

Doch auch bezüglich Sparen haben wir bestimmte Einstellungen, die hinderlich oder nützlich sein können: „Sparen gehört zum Geldverdienen einfach dazu“, oder „Wenn ich Geld habe, dann gebe ich es auch bis zum letzten Euro aus“. „Sparen tun doch nur Spießer“, oder „Ich schaffe mir Sicherheit, das ist mir wichtig.“ „Ich lebe jetzt, wer weiß, was morgen ist“, oder „Später möchte ich mir auch mal was Größeres leisten können.“ Machen Sie sich Ihre eigene Einstellung bewusst, und fangen Sie heute an zu sparen. Es ist nie zu spät zu beginnen und auch kleinere Beträge, die sich wirklich jeder leisten kann, bringen in ein paar Jahren mehr als Sie denken. Geld macht nicht glücklich, aber es kann die Basis schaffen, um Glück und Zufriedenheit im Alltag erleben und genießen zu können.

BASICS

- Ziehen Sie Bilanz: Machen Sie Listen von Ihren Ersparnissen und Anlagen, allen monatlichen Ausgaben und Einnahmen.
- Legen Sie ein realistisches Wunsch-Plus für Ihr Konto fest und errechnen Sie den monatlichen Betrag, den Sie dafür einsparen müssen.
- Verteilen Sie die Einsparungen auf mehrere variable Posten.
- Schaffen Sie für jede Einsparung adäquaten Ersatz.
- Bleiben Sie konsequent!

Bringen Sie Beruf und Leben in die richtige Balance

Beruflich sehr erfolgreiche Menschen nehmen zu Beginn ihrer Karriere gerne in Kauf, dass sie Überstunden machen, sich in ihrer Freizeit weiterbilden oder den Urlaub ganz nach den Bedürfnissen des Jobs ausrichten. Doch irgendwann kommt es bei den meisten erfolgreichen Berufstätigen zu einer Wende: Dann wünschen sie sich plötzlich mehr Privatleben, mehr Zeit für die Familie und Hobbys, kurz: allgemein mehr Raum für das Leben jenseits von Beruf und Karriere.

Das Leben harmonischer gestalten

Warten Sie nicht erst bis zum Burnout, sondern achten Sie am besten von Anfang an darauf, dass Arbeits- und Privatleben im Einklang und in Balance sind – dann werden Sie nicht nur viel zufriedener, sondern auch noch erfolgreicher sein!

1 Testen Sie Ihre Work-Life-Balance

- Arbeiten Sie, um zu leben oder leben Sie, um zu arbeiten?
- Gehen Sie gerne in die Arbeit?
- Gehen Sie ungern nach Hause?
- Leidet Ihre Familie unter Ihrer Arbeit?
- Belastet Streit in der Familie oder Beziehung Ihre Arbeit?
- Finden Sie, dass Sie zu viel arbeiten?
- Kostet Sie die Familie oder die Beziehung zu viel Zeit oder Nerven?

Wenn Sie auf einige dieser Fragen mit „Ja“ geantwortet haben, dann ist Work-Life-Balance für Sie ein wichtiges Thema.

2 Die aktuellen Top-7-Prioritäten

Erstellen Sie sich eine Liste der sieben wichtigsten Dinge in Ihrem Berufs- und Alltagsleben. Sie können dabei ruhig Privates und Berufliches mischen, wie z. B. „Frühstück mit dem Partner“, „Termine mit Neukunden“ etc. Klar soll dabei werden, wo zurzeit Ihre Prioritäten liegen und wie lange Sie diese Reihenfolge beibehalten wollen. Was ist das Wichtigste? Was kommt danach? Und was kommt auf dem dritten Platz?

3 Dauer der Prioritätenliste

Überlegen Sie sich auch, wie lange diese Prioritäten gelten sollen. Danach prüfen Sie nochmals, ob sie sich bewährt haben. Entscheiden Sie dann, ob sie anzupassen oder so zu belassen sind. Gehen Sie Ihre sieben Prioritäten durch und legen Sie jeweils Fristen fest, wie lange Sie sich daran halten wollen.

Diese Prioritäten der Rangfolge soll von nun an die Grundlage für Ihre Entscheidungen sein.

4 Kontexte integrieren

Sicher ist Ihnen schon bei der Aufstellung der Liste aufgefallen, dass Ihre Prioritäten in verschiedenen Lebensbereichen bzw. Kontexten liegen, z. B. Beruf, Beziehungen, Familie, Hobbys, Freunde usw. Bei fehlenden Berührungspunkten dieser Kontexte kommt es leicht zu Konflikten um die Aufteilung von Zeit, Aufmerksamkeit oder Geldausgaben. Überlegen Sie sich, wie Sie verschiedene Kontexte passend und harmonisch integrieren können. Wo ergeben sich Einsparungseffekte oder Synergien?

5 Abhängigkeiten klären

Abhängigkeit von Personen klären: Überlegen Sie sich, wer in Ihrer Umwelt alles von Ihren Entscheidungen betroffen ist und von wessen Entscheidungen Sie betroffen sind. Erstellen Sie von diesen Personen eine Liste und überlegen Sie nun: Kennen Sie deren Prioritäten? Kennen diese Ihre Prioritäten? Falls nein, reden Sie mit diesen Personen und erwähnen oder erfragen Sie die Prioritäten.

Gehen Sie die verschiedenen Themen oder Personen durch, die mehr Zeit für sich beanspruchen und denken Sie darüber nach, wie Sie die Qualität oder Produktivität dabei erhöhen können, damit es danach nicht mehr nur um die Quantität sondern vor allem auch um die Qualität der Zeit geht.

Bleiben Sie aufmerksam!

Achten Sie immer wieder darauf, dass es Ihnen gut geht und dass Sie die Balance zwischen beruflichen und privaten Bedürfnissen halten. Sobald Sie eine Verschiebung zu einer Seite feststellen, mit der Sie nicht einverstanden sind, werden Sie sofort aktiv.

Work-Life-Balance erhöht die Lebensqualität

In den letzten Jahren wird der Begriff Work-Life-Balance immer häufiger im Zusammenhang mit Lebensqualität, Mitarbeiterzufriedenheit, Leistungsfähigkeit und Gesundheit gebraucht. Gemeint ist die Ausgeglichenheit zwischen Privatleben und Arbeitsleben. In der heutigen Zeit, in der die Anforderungen der Arbeitswelt zunehmen, Karriere, Status und Vermögen von vielen angestrebt werden, kann es leicht zu einer Disharmonie zwischen dem Leben und der Arbeit kommen.

Wenn sich Kontexte wie Beruf, Familie, Hobbys über eine längere Zeit zu häufig überlappen, entsteht das Gefühl, dass man gar nicht mehr aus dem Kontext herauskommt. Dies führt zu Stress und Überlastungserscheinungen. Wenn z.B. Arbeit in die anderen Kontexte überwechselt, indem man dauernd geschäftliche Telefonate führt, auch in der Freizeit oder Familienzeit. Oder für die berufstätige, selbstständige Mutter, die zu Hause arbeitet, bei der die Kindererziehung in den Arbeitsalltag einfließt, ist es manchmal wie eine Doppelbelastung. In ähnlichen vergleichbaren Fällen kommt es einem vor, als habe man nie Pause oder man könne sich nie auf etwas alleine konzentrieren. Hier hilft eine Trennung von Kontexten.

Kontexte besser abgrenzen

Überlegen Sie, durch welche Hilfsmittel Sie Ihre verschiedenen Kontexte trennen können. Z.B. lassen sich unterschiedliche Kleidung, Orte oder Zeitpunkte konsequent verwenden. Schaffen Sie sich eine Art „Berufskleidung" wie z.B. ein Polizist: Wenn dieser seine Uniform anzieht, ist er in seinem Berufskontext, wenn er nach Hause kommt und die Uniform auszieht, wechselt er in den Familienkontext. Oder im Büro werden nur geschäftliche Dinge erledigt, Kindererziehung oder Freizeit findet woanders statt. Durch die Trennung von Kontexten entsteht eine größere Klarheit der Situation und Konzentration auf die Tätigkeit. Dies führt zu einer Entspannung und Harmonisierung.

Machen Sie Ihre Prioritäten klar

Im Beruflichen wie im Privaten sollten Sie allen Menschen, mit denen Sie zu tun haben, klar erkennbar machen, wo Ihre Prioritäten liegen. Umgekehrt sollten Sie auch dafür aufmerksam sein, wo die Prioritäten Ihrer Kollegen, Partner, Kinder, Vorgesetzten etc. liegen.

Viele Konflikte entstehen dadurch, dass die jeweiligen Prioritäten nicht klar sind, nicht erkannt oder auch nicht beachtet werden. Falls bestimmte Prioritäten nicht im Einklang mit den Prioritäten einer anderen Person stehen, geben Sie einen Zeitrahmen vor.

Zum Beispiel: Wenn Ihre Priorität ist, Ihr Kind bei der Einschulung zu begleiten und zu betreuen, nimmt dies natürlich Zeit in Anspruch. Teilen Sie Ihren Vorgesetzten mit, dass dies für Sie besonders wichtig ist und Sie wieder flexibler mit der Arbeitszeit umgehen können sobald der Nachwuchs sich an die Schule gewöhnt hat. Dies wird etwa einen Monat dauern. Wenn Sie dabei größeres Engagement und die Bereitschaft, Versäumtes nachzuholen an den Tag legen, wird auch Ihr Chef zufrieden sein und seine Priorität, Produktivität und Qualität zu gewährleisten, wird ebenso erfüllt. Oder, falls Sie in der Arbeit die Möglichkeit haben, durch besondere Anstrengungen einen Karrieresprung machen zu können, teilen Sie Ihrem/r Partner/in mit, dass dies für einige Monate eine hohe Priorität hat, bitten um Unterstützung und versprechen einen akzeptablen Ausgleich dafür.

Diese Offenheit und Transparenz von Prioritäten verhindert frühzeitig Konflikte, Unzufriedenheiten und Verstimmungen. Da der Mensch Sinn und Bedeutung braucht und sucht, geben Sie Ihrer Umwelt Erklärungen und Begründungen für Ihre Entscheidungen und Wünsche. Sie werden überrascht sein, wie oft Sie auf Verständnis stoßen werden und Ihre Ideen und Wünsche angenommen werden, wenn Sie Ihre Prioritäten nennen.

BASICS

- Testen Sie Ihre Work-Life-Balance.
- Legen Sie Ihre sieben wichtigsten Prioritäten fest.
- Überdenken Sie die Gültigkeitsdauer der Liste.
- Integrieren Sie verschiedene Kontexte.
- Überlegen Sie sich, wie Sie Ihre Kontexte besser voneinander trennen und abgrenzen können.
- Stimmen Sie mit den für Sie wichtigen Menschen Ihre und deren Prioritäten möglichst genau ab.

5 Projekt- & Zeitmanagement

Tanja erlebt gerade eine Umbruchsituation. Nach vielen Jahren möchte sie endlich den Schritt in die Selbstständigkeit wagen. Sie überlegt, entweder eine Katzen- und Hundepension zu eröffnen oder einen Gassi-Geh-Service oder einen Hundesalon oder eine Hundeschule.

Jeden Abend und jedes Wochenende stürzt sie sich in ihre Planungen. Sie prüft Immobilienangebote, schätzt ihre Marktchancen ein, überlegt sich Texte für Werbezettel, recherchiert Gesetzesvorgaben und gewinnt täglich neue Ideen.

Nach vielen Wochen weiß sie immer noch nicht, was sie lieber machen möchte. Ratlos sitzt sie vor einem Berg an Unterlagen und Material. Plötzlich erscheint ihr das ganze Vorhaben zu groß, zu viel auf einmal und zu zeitintensiv.

Träume und Visionen sind unser Antrieb für Veränderung und Entwicklung. Doch für deren Erfüllung brauchen wir ein praxiserprobtes Handwerkszeug wie gutes Projekt- und Zeitmanagement und die Fähigkeit, Ziele so zu strukturieren und zu setzen, dass sie Schritt für Schritt erreichbar werden. In diesem letzten Kapitel bekommen Sie effektive Techniken an die Hand, mit denen Sie sich in Zukunft selbst zu mehr Erfolg coachen können.

Setzen Sie Projekte besser um!

Unser tägliches Leben besteht aus einer Vielzahl von Projekten, sei es im Job, wenn es um eine bestimmte Aufgabe geht oder auch im Alltag, z.B. bei der Planung eines Urlaubs oder eines Familienfestes. Wie Sie solche Projekte anpacken, damit sie ein Erfolg werden, erfahren Sie hier.

Welche Projekte möchten Sie in Angriff nehmen?

Überlegen Sie sich einige Vorhaben, Pläne und Projekte, die Sie schon seit längerem im Sinn haben, die Sie bisher aber noch nicht umgesetzt haben. Das können die Renovierung des Wohnzimmers, die ersten Schritte in die Selbstständigkeit, ein besonderer Wanderurlaub etc. sein. Wählen Sie sich aus einem Ihrer Vorhaben eines aus, mit dem Sie sich nun etwas näher beschäftigen möchten.

1 Ideen für das Projekt sammeln

In dieser Phase sammeln Sie Ihre Ideen zu dem Projekt. Suchen Sie sich hierfür einen Ort aus, der am besten mit diesem Vorhaben nichts zu tun hat und wo Sie Ihrer Kreativität freien Lauf lassen können. Sammeln und notieren Sie alles, was Ihnen einfällt, was in Bezug auf das Projekt wichtig sein könnte. Hier ist alles erlaubt, hier werden alle Visionen, Wünsche, Ideen aufgenommen, ohne Bewertung, ohne Kommentierung und ohne Überdenken.

2 Sortieren Sie Ihre Ideen

Nachdem Sie zunächst eine Stoffsammlung gemacht haben, der übrigens ständig weitere Punkte hinzugefügt werden können, sollten Sie die einzelnen Punkte strukturieren.

Was gehört zusammen, welche Oberpunkte lassen sich finden? Bei dem Wanderurlaub sind es vielleicht: Ausrüstung, Unterkunft, Anreise, Route etc. Bei den Schritten in die Selbstständigkeit könnten es z.B. Angebot, Zielgruppe, Werbung, Budget etc. sein.

3 Die Umsetzung erproben

Wenn es möglich ist, nutzen Sie hierfür einen anderen Raum. Jetzt gehen Sie in die Haltung des Umsetzers, des Machers. Überlegen Sie sich, wie Sie die gesammelten Ideen umsetzen können. Notieren Sie sich, was Sie wie sofort oder unter welchen Bedingungen realisieren können.

4 Das Projekt optimieren

Suchen Sie für diese Phase einen weiteren, dritten Ort auf. Dort wird die mögliche Umsetzung, wie sie in der zweiten Phase angedacht wurde, einer kritischen Überprüfung unterzogen. Hier darf sich auch Ihr innerer Kritiker zu Wort melden, hier können alle Warnungen und Gefahren ausgesprochen werden. Diese Phase hilft Ihnen, Ihren Plan so zu optimieren, dass er in der Umsetzung erfolgreich wird.

5 Zurück zur Umsetzung

Mit diesen Botschaften in der Hand gehen Sie zurück zum Raum der Umsetzung und Realisierung und überlegen sich, wie die Warnungen und Kritiken integriert werden können. Wenn Sie z. B. beim Wanderurlaub auf einen Zelttrip in den schottischen Highlands gekommen sind, dann wird der Optimierer darauf hinweisen, dass selbst im Sommer kalte Unwetter hereinbrechen können. Zurück in der Realisierungsphase werden hierfür konkrete Unterkünfte auf der Route ausgesucht, die im Notfall sofort aufgesucht werden können. Sollten Ihnen für die Umsetzung keine Alternativen oder Möglichkeiten einfallen, dann geben Sie diesen Punkt zurück in die Phase der Ideenfindung, dort bringt die Kreativität mit Sicherheit eine Lösung hervor.

Papier statt Raum wechseln

Wenn Sie nicht die Möglichkeit haben, verschiedene Zimmer zu nutzen, um die einzelnen Phasen zu trennen, so können Sie auch einfach Papier verwenden: Falten Sie ein DIN-A3-Papier (aus dem Zeichenblock) einmal in der Mitte. Sammeln Sie nun die Ideen auf der gesamten Vorderseite. Drehen Sie das Blatt um und legen Sie es gefaltet vor sich im Querformat hin. Halten Sie die Umsetzungsmöglichkeiten fest und drehen Sie dann das Blatt um, um alle Einwände aufzuschreiben. Diese Variante lässt sich auch unterwegs sehr gut einsetzen.

Walt Disney als Vorbild

Die Walt-Disney-Figuren und -Filme sind fester Bestandteil einer jeden Kindheit, jeder kennt sie, jedem sind sie vertraut, heute wie vor 50 Jahren. Der Begriff Walt Disney steht auch heute noch für ein gigantisches Unternehmen in der Unterhaltungsindustrie.

Der Mensch Walt Disney wuchs zu Beginn des 20. Jahrhunderts auf einer Farm in den USA auf und begann dort mit seinen ersten Zeichnungen. Danach begann eine unglaubliche Karriere als Zeichner, Erfinder, Produzent und Filmemacher.

Diese Geschichte hat sehr viel mit der Persönlichkeit von Walt Disney zu tun: Er vereinigte in sich mehrere Talente, die zusammengenommen die Erfolgsgeschichte schrieben. Er war einerseits ein sehr kreativer und erfinderischer Mensch, dazu auch ein sehr pragmatischer Mann, der sich immer fragte, wie er seine Ideen auch umsetzen konnte.

Und schließlich war er auch ein sehr erfolgreicher Geschäftsmann, der die Gesetze des Marktes sehr gut kannte und damit umgehen konnte. Diese Talente nutzte er, indem er sie in einer bestimmten Strategie für seine Planungen und Projekte einsetzte.

Die Walt-Disney-Strategie

Diese Strategie wird heute die Walt-Disney-Strategie genannt und kann von jedem Menschen eingesetzt werden, der ein Ziel, einen Plan, ein Projekt erfolgreich realisieren möchte.

Disney kreierte für sich drei Rollen: den Träumer, den Realisator und den Kritiker/Optimierer. In allen drei Rollen ging er voll und ganz auf und alle drei Rollen spielte er nacheinander und voneinander getrennt durch. Besonders diese sequenzielle und separate Vorgehensweise macht diese Strategie so erfolgreich. Um diese drei Rollen auch sauber voneinander zu trennen, hatte Disney für jede einen eigenen Raum. Bei Ihnen zu Hause können Sie auch verschiedene Orte einrichten. Z.B. das Sofa als Träumer-Ort, die Küche als Realisator-Ort und das Arbeitszimmer als Kritiker- / Optimierer-Raum. Mit jedem Raumwechsel können wir in eine neue Rolle schlüpfen, die getrennt von der bisherigen ist. Oder Sie setzen unterschiedliche Zeiten für Rollen fest.

Die kreative Phase

Jedes Projekt und jedes Vorhaben beginnt mit der Rolle des Träumers. Das ist die kreative Phase, hier werden alle Ideen gesammelt, egal ob sie realistisch sind oder nicht, ob sie sich umsetzen lassen oder nicht usw. Die Phantasie kann sich deswegen so frei entfalten, weil kein „Ja, aber..." oder „Wie soll dass denn umgesetzt werden..." oder „das ist zu teuer ..." erlaubt ist. Diese Einwände werden an anderer Stelle aufgenommen. Hier konnte Disney sein Talent des Erfinders und kreativen Geistes voll ausspielen.

Der Realisator übernimmt

Nun übernehmen Sie die Rolle des Realisators, indem Sie die Ideen und Träume aus dessen Sicht heraus betrachten: Sie fragen sich: „Wie kann ich diesen Traum realisieren?" Sie fragen also nicht ob Sie ihn realisieren können, sondern wie. Sie überlegen sich, welche Ressourcen dafür notwendig wären, welche Mittel, welche Menschen und Bedingungen für die Umsetzung gebraucht würden. Sie planen einen Weg vom gegenwärtigen Zeitpunkt bis zum Erfolg.

Die kritische Prüfung

Danach verwandeln Sie sich in den Optimierer und beurteilen den Plan nur aus der Position des Kritikers heraus. Sie suchen nach Schwachpunkten, Schwierigkeiten, Fehlern und Unmöglichkeiten etc. Auf diese Weise stellen Sie sicher, dass Sie für alle Eventualitäten gewappnet sind und jeder Stein auf dem Weg zum Ziel aus dem Weg geräumt werden kann.

Mit diesen Informationen übernehmen Sie wieder die Rolle des Realisators und des Träumers. So lange, bis der Optimierer oder Kritiker keine nennenswerten Einwände mehr hat.

Rollen sauber trennen

Wichtig ist, dass Sie alle drei Rollen immer sauber voneinander trennen und vor allem den Optimierer nie in die Nähe des Träumers lassen. Schalten Sie immer den Realisator dazwischen.

BASICS

- Sammeln Sie Ideen für ein Projekt.
- Sortieren Sie Ihre Ideen.
- Spielen Sie die drei Rollen durch.
- Erproben Sie die Umsetzung.
- Optimieren Sie das Projekt.
- Und proben Sie noch einmal die Umsetzung.

Mehr Erfolg durch gutes Zeitmanagement

Fast jeder hat sie, manche nur gelegentlich, viele sogar als Dauerzustand – die Rede ist von der „Aufschieberitis“. Man müsste etwas Bestimmtes erledigen, zu einem bestimmten Termin, aber man findet immer wieder Gründe, das Vorhaben nicht anzufangen, nicht fortzuführen, zu unterbrechen, kurz: es aufzuschieben. Die daraus entstehenden Konflikte wie immer größere Unlust, enormer Zeitdruck und zuletzt oft auch Versäumnisse sind wohl bekannt.

Nie mehr aufschieben

Leiden Sie auch unter der oben beschriebenen Krankheit? Es gibt ein paar gute Tricks, um sie loszuwerden, die hier im Folgenden beschrieben werden.

1 Möchten, nicht müssen

Vermeiden Sie im inneren Dialog mit sich selbst das Wörtchen „muss“. Es ruft in uns nur eine Art Trotzreaktion hervor. Wir möchten wie Kinder unseren Willen haben, nicht aber genötigt sein, irgendetwas zu tun. Erinnern Sie sich selbst an anstehende Aufgaben lieber mit den Wörtern „möchte“, „will“, „werde“ oder „kann“ als mit dem Widerwillen erregenden „muss“.

2 Kleine Schritte

Machen Sie sich langwierigere Aufgaben und umständliche Prozesse leichter „verdaulich“, in-dem Sie sie in kleine Schritte einteilen, „Baby Steps“. Mit jedem kleinen Schritt erzielen Sie so schon mal einen Teilerfolg und die Freude darüber lässt Sie geduldiger und ausdauernder weitermachen. Überlegen Sie sich, wie Sie in nur 15 bis 20 Minuten etwas tun können, was Sie weiter bringt, Ihrem Ziel entgegen.

3 An der Aufgabe wachsen

Reden Sie sich nicht ein, die anstehende Aufgabe sei eine Kleinigkeit, die Sie in letzter Minute aus dem Ärmel schütteln könnten. So schaffen Sie nur eine Rechtfertigung für das Aufschieben.

Sehen Sie sie vielmehr als Herausforderung, eine Aufgabe, an der Sie wachsen können und wollen. Es stärkt Ihren Willen, wenn Sie die Aufgabe als angemessenen Gegner betrachten und Sie sind eher bereit, sich mit voller Energie und Konzentration in die Arbeit zu stürzen. Falls Sie den Beginn hinauszögern, hat die Aufgabe gewonnen und Sie verloren. Wenn Sie also gewinnen wollen: Los geht's.

4 Zeit gewinnen

Viele Menschen sind geradezu Naturtalente darin, sich selbst ständig abzulenken von dem, was sie eigentlich tun müssten. Jeder hat dazu seine persönlichen „Zeitfresser".

Das können z.B. Telefonanrufe, Besuche, E-Mails, Internetsurfen, Werbung, Zeitschriften, Fernsehen, Besorgungen, Einkäufe, Parkplatz suchen, Anstehen etc. sein. Finden Sie heraus, womit Sie sich selbst aufhalten: Machen Sie zwei Listen von Zeitfressern, eine für die Arbeit und eine fürs Privatleben.

5 Prioritäten setzen

Treffen Sie eine klare Unterscheidung, ob eine Aufgabe dringend ist oder aber wichtig, oder aber beides. Der Unterschied? Dringendes soll schnell erledigt werden. Wichtige Aufgaben ziehen unangenehme Konsequenzen nach sich, wenn man sie zu erledigen versäumt. Viel Zeit geht verloren, wenn man sich mit unwichtigen Dingen zu lange beschäftigt. Wer viel zu tun hat, muss rasch entscheiden, in welcher Reihenfolge er anstehende Aufgaben bearbeitet. Dabei hilft die Frage: Ist die Aufgabe dringend oder ist sie wichtig? Beurteilen Sie nach folgenden Kriterien. Sie ist wichtig und dringend: Dies wird zuerst erledigt. Sie ist wichtig und nicht dringend: Dies wird als Zweites erledigt. Sie ist dringend und nicht wichtig: Dies wird als Drittes erledigt oder delegiert oder verschoben. Sie ist nicht dringend und nicht wichtig: Es wird gestrichen.

Ordnen Sie die Aufgaben und Ziele in eine 4-Felder-Tafel ein und packen Sie sie aktiv an.

Immer vor Augen

Hängen Sie die 4-Felder-Tafel mit den sortierten anstehenden Aufgaben irgendwo gut sichtbar in Ihrer Wohnung auf, z.B. an den Kühlschrank oder im Flur – so verlieren Sie Ihre Pläne und Ziele nie aus den Augen!

Zeitfresser ausfindig machen

Haben Sie auch manchmal das Gefühl, zu wenig Zeit zu haben? Viele Menschen sagen, Zeit sei der größte Luxus, den sie sich leisten und von dem sie sich immer mehr wünschen. Und diese Haltung zur Zeit wird von immer mehr Menschen geteilt. Dabei ist eine freie, selbstbestimmte Zeit gemeint, die man für eigene Bedürfnisse oder zusammen mit der Familie oder mit Freunden nutzen kann.

Effektives Zeitmanagement hilft Ihnen, mit Ihrer zur Verfügung stehenden Zeit besser zurechtzukommen und sich mehr zeitliche Freiräume zu verschaffen.

Was kostet Sie zu viel Zeit? Und könnten Sie die Zeit eventuell anders nutzen (z.B. Telefonate im Auto machen – natürlich mit Freisprecheinrichtung)? Oder lassen sich diese Zeitfresser reduzieren oder gar eliminieren (z.B. zu bestimmten Zeiten keine Telefonate annehmen oder E-Mails nur alle drei Stunden beantworten und dann auf einmal)? Reduzieren Sie die Zeitfresser und genießen Sie es, wieder in Zeit zu schwelgen.

Analysieren Sie Ihre Zeit

Viele Menschen hetzen ihren Aufgaben hinterher. Sie leisten ständig „Feuerwehrarbeit“, d.h. sie löschen, wo es brennt. Dadurch sind sie aber nur reaktiv statt proaktiv. Der erste Schritt zu einem besseren Zeitmanagement liegt in der Analyse der bisher zur Verfügung stehenden und verbrauchten Zeit. Machen Sie sich wieder eine Tabelle mit zwei Spalten: Tragen Sie in der ersten Spalte die Zeitdauer und in der zweiten die Tätigkeit ein.

An einem ganz normalen Arbeits- oder auch Freizeittag führen Sie nun eine Art Tagebuch Ihrer Tätigkeiten: Halten Sie genau fest, was Sie tun und wie viel Zeit Sie dafür verbrauchen. Dieses Zeitprotokoll können Sie anschließend auswerten und für jede einzelne Tätigkeit überlegen: War der Zeitaufwand sinnvoll und angemessen? Oft merkt man gar nicht, wie viel Zeit man für Kleinigkeiten vergeudet oder wie lang manches wirklich dauert. Der erste Schritt, mit der Zeit schonender und gezielter umzugehen, ist, sich bewusst zu werden, wofür wie viel Zeit benutzt wird.

Der richtige Zeitpunkt

Man hat festgestellt, dass verschiedene Personen zu verschiedenen Zeitpunkten ihre beste Leistung bringen können. Dies betrifft Bereiche wie Konzentration, Lernen, Gedächtnis, Leistungsfähigkeit, die im Laufe eines Tages mehr oder weniger zur Verfügung stehen. Nehmen Sie sich ein paar Minuten Zeit und überlegen Sie sich, wann Sie am leistungsfähigsten sind.

Man kann sagen, dass es sechs verschiedenen Zeitpunkte gibt: den Morgen, den Vormittag, den frühen Nachmittag, den späten Nachmittag, den frühen Abend, die Nacht. Meist gibt es ein bis zwei Zeiten, zu denen man besonders gut arbeiten kann und ein bis zwei, zu denen man besonders schlecht arbeiten kann. Für ein gutes Zeitmanagement ist es hilfreich, soweit es möglich ist, die Aufgaben so zu verteilen, dass man die optimal leistungsfähigen Zeitpunkte nutzt.

Checklisten anlegen

Es ist zwar ein nützliches Gehirntraining, alle Aufgaben im Kopf zu behalten, aber für ein gutes Zeitmanagement macht es mehr Sinn, zu Erledigendes in Listen festzuhalten.

Checklisten haben verschiedene Vorteile:

- Man sieht auf einen schnellen Blick, was alles zu erledigen ist.
- Man kann Prioritäten festlegen.
- Man kann die Reihenfolge festlegen.
- Man kann beobachten, wie man vorwärts kommt und kann Erledigtes streichen – das motiviert!

Wenn Sie Ihre Zeit in den Griff bekommen wollen, priorisieren Sie außerdem Ihre Aufgaben, Verpflichtungen und Wünsche nach Wichtigkeit und Dringlichkeit. Nicht alles was dringend ist, ist auch automatisch wichtig. Wichtige Dinge sollten immer priorisiert werden. Und hierbei geht es vor allem um Ihre persönliche Perspektive, nicht zwingend um die Ihres Chefs, Ihrer Kollegen oder Freunde.

BASICS

- Vermeiden Sie ab jetzt das Wörtchen „muss“.
- Legen Sie Checklisten an.
- Teilen Sie Aufgaben in kleine Schritte ein.
- Sehen Sie jede Aufgabe als persönliche Herausforderung an.
- Analysieren Sie, welche Tätigkeit wie lange gedauert hat und finden Sie Zeitfresser heraus. Schalten Sie diese in einem nächsten Schritt aus.
- Finden Sie Ihre persönlichen „Leistungszeiten“ heraus.
- Erledigen Sie Aufgaben immer nach den Kriterien „dringend“ und „wichtig“.

Setzen Sie Ihre Ziele richtig!

Erfolgreiche Menschen haben eines gemeinsam: Sie wissen, wo sie hinmöchten und was sie erreichen wollen, kurz – sie setzen sich Ziele! Die Art und Weise wie die Ziele formuliert werden, ist dabei von entscheidender Bedeutung. Im Folgenden lernen Sie die wichtigsten Wohlgeformtheitskriterien für Ziele kennen.

Fünf wichtige Wohlgeformtheitskriterien für Ziele

Formulieren Sie für sich ein Ziel, das Ihnen wichtig ist und das Sie gerne erreichen wollen. Gehen Sie dann Schritt für Schritt die einzelnen Kriterien durch und passen Sie Ihre Zielformulierung an, bis sie gehirnfreundlich ist.

1 Positiv formuliert

Haben Sie schon einmal versucht, an etwas NICHT zu denken? Zumindest für den nächsten Moment stand Ihnen sicherlich genau das vor Augen, was Sie von sich fern halten wollten. Das Gehirn kann keine Negationen verarbeiten. Diese spezielle Eigenheit des Gehirns ist sehr wichtig, wenn man sich ein Ziel setzen möchte: Es muss unbedingt positiv formuliert werden. Also nicht: „Ich werde nicht mehr dauernd mein Handy eingeschaltet lassen!“ sondern: „Ich stelle jetzt bei allen Mahlzeiten mein Handy ab!“.

2 Konkret und präzise

Auch Vergleiche kann unser Gehirn schlecht verarbeiten, es möchte präzise Informationen, worauf es seine Aufmerksamkeit lenken soll. Auf die Botschaft: „Ich will jetzt endlich dünner werden!“ reagiert es viel gleichgültiger, als wenn wir genau sagen: „Ich will bis zum Sommer drei Kilogramm Übergewicht loswerden, und zwar werde ich alle Snacks durch Obst ersetzen und zweimal pro Woche zum Schwimmen gehen.“ Legen Sie genau fest, durch welche Mittel Sie Gewicht verlieren möchten, denn je konkreter und präziser ein Ziel formuliert ist, desto einfacher ist es, es zu erreichen. Eine genaue Formulierung mit einer präzise definierten Umsetzung macht nämlich das Durchführen der einzelnen Schritte erst möglich.

3 Realistisch

Seien Sie ehrgeizig bei der Formulierung Ihrer Ziele, nicht aber gänzlich unrealistisch. Wenn Sie als berufstätiger Vater bei dem Ziel „Ich will mir jetzt mehr Zeit für die Kinder nehmen" daran denken, jeden Abend noch zwei Stunden mit den Kindern zu spielen, dann ist das womöglich nicht realistisch. Denken Sie immer pragmatisch und fragen Sie sich bei jeder Formulierung und bei jeder Planung, ob das im Alltag wirklich durchführbar ist.

4 Selbst kontrollierbar und initiierbar

Das schönste Ziel kann verfehlt werden, wenn seine Erreichung nicht allein in Ihrer Macht steht, sondern auch von anderen oder äußeren Umständen abhängig ist. Es muss sich in Ihrem Einflussbereich befinden.

Wenn die Menschen oder die Bedingungen sich nämlich nicht für Sie entscheiden, dann sitzen Sie fest und erreichen Ihr Ziel nicht. Klassischer Fall ist hier z.B. das Ziel, Lotto-Milliardär zu werden. Na ja, manchmal klappt's – aber unendlich häufiger eben nicht.

5 Konsequenzen berücksichtigen

Bedenken Sie auch möglichst alle Konsequenzen, die die Erreichung eines Ziels nach sich ziehen kann. Welche Veränderungen ergeben sich womöglich daraus für die Familie, die Freunde, den Arbeitsplatz? Fragen Sie sich bei all Ihren Zielen und Vorsätzen:

- Welche Konsequenzen kann die Zielerreichung nach sich ziehen?
- Sind negative Konsequenzen für mich akzeptabel? Wenn nicht: Wie können diese Nachteile ausgeglichen werden?
- Sind negative Konsequenzen für andere akzeptabel? Wenn nicht: Wie können diese Nachteile ausgeglichen werden?
- Sind die Vorteile des alten Verhaltens im Neuen integriert? Wenn nicht: Ist das ok? Wie können Sie sie in das neue Verhalten integrieren?

Auf Herz und Nieren prüfen

Überprüfen Sie jedes Mal, wenn Sie ein Ziel formuliert haben, ob es den Wohlgeformtheitskriterien entspricht – auf diese Weise kommen Sie sicherer und schneller zum Ziel!

Wünsche und Visionen haben

„Ab morgen werde ich wieder mehr Sport machen“, „Ab nächster Woche fange ich an, mindestens 5 Kilogramm abzunehmen“, „Im nächsten Jahr werde ich mich nicht mehr stressen lassen“, „Ab jetzt ernähre ich mich gesund“, „Ab 1. Januar werde ich nicht mehr rauchen“ und „Ab nächstem Jahr esse ich kein Fleisch mehr.“ Kommt Ihnen der eine oder andere Satz bekannt vor?

Sehr gut, denn es gibt immer wieder Phasen, in denen Wünsche und Visionen mit Leichtigkeit und wie von selbst entwickelt und formuliert werden. Da haben wir die Energie, den gedanklichen Freiraum und die Motivation, uns zu überlegen, was wir in unserem Leben verbessern oder verändern wollen. Das ist der erste Schritt.

Und wenn Sie nun noch die weiteren Schritte auf die richtige Art und Weise gehen, dann werden aus vagen Wünschen und großen Visionen leicht erreichbare Ziele, mit denen Sie nach und nach Ihr Leben verbessern, bereichern und positiv verändern können.

Ziele richtig setzen

Ziele richtig zu setzen bedeutet, sie wohl zu formen und gehirngerecht zu formulieren. Mit den Wohlgeformtheitskriterien werden einige Besonderheiten des Gehirns berücksichtigt. Das ist der Grund, weshalb diese Kriterien so wichtig und so wirksam sind. Die bedeutendsten dieser Kriterien haben Sie bereits kennen gelernt: positiv und ohne Vergleich, konkret und präzise, realistisch, selbst kontrollierbar und initiierbar und die Konsequenzen beachtend. Es gibt aber weitere Kriterien zur Erreichung von Zielen.

Zwischenprüfungen

Auf dem Weg zur Erreichung Ihres Zieles helfen Ihnen Meilensteine, damit Sie sich sicher sein können, dass Sie sich noch auf der richtigen Strecke befinden. Entwickeln Sie bei langfristigen Zielen Prüfschleifen und Unterziele.

Wollen Sie z.B. den persönlichen Kontakt zu Ihren Mitarbeitern verbessern, dann können Sie nach und nach prüfen, wie weit Sie schon sind: Werden Sie auf ein gemeinsames Bier nach der Arbeit eingeladen? Schenken Kollegen Ihnen Vertrauen, erzählen Sie Ihnen Privates oder gar private Probleme? Oder wenn Ihr Ziel ist, Ihren Umsatz innerhalb eines Jahres um 30% zu steigern, dann könnten Sie folgende Unterziele setzen: in drei Monaten 5%, in einem halben Jahr 10%, in neun Monaten 20% und in zwölf Monaten 30%.

Das Ziel mit allen Sinnen vorstellen

Stellen Sie sich Ihr Ziel so genau wie möglich vor. Lassen Sie Ihre Phantasie spielen und vor Ihrem inneren Auge einen Film ablaufen, in dem Sie das Ziel schon erreicht haben. Wie sehen Sie dabei aus? Was haben Sie an? Wie bewegen Sie sich? Kommunizieren oder agieren Sie mit anderen Menschen? Was sagen diese Menschen zu Ihnen? Wie hört es sich an, wenn Sie Ihr Ziel erreicht haben? Wie fühlt es sich an? Welche Gefühle spielen eine Rolle: Glück, Selbstbewusstsein, Zufriedenheit, Ruhe? Je ausführlicher und genauer die Vorstellungen von dem sind, was Sie wollen, und wie es ist, wenn Sie Ihr Ziel erreicht haben, desto besser kann es Ihr Gehirn durchspielen und Gelegenheiten erkennen und wahrnehmen, um das Ziel zu erreichen.

Ziele sichtbar machen

Schreiben Sie die Ziele auf, z. B. auf Blockzettel. Nehmen Sie sich dann ein wenig Zeit und ordnen Sie die Zettel: Welche der Vorsätze sind Ihnen am wichtigsten? Formulieren Sie zu jedem ein passendes, wohlgeformtes Ziel. Kleben Sie die Ziele in Ihren Kalender oder an den Spiegel im Bad oder an die Wohnungstüre. So sind sie immer sichtbar und erinnern Sie daran, dass es sich lohnt, etwas für seine Ziele zu tun.

Gründe für die intensive Beschäftigung mit unseren Zielen

Ziele sind Richtungsweiser in unserem Leben, sie helfen uns zu orientieren und Entscheidungen zu treffen (z. B. Dient diese Sache meinem Ziel?). Ziele sind eine Quelle von Vorfreude und auch die Grundlage für späteren Erfolg.

Gut und richtig definierte und formulierte Ziele werden mit höherer Wahrscheinlichkeit erreicht und führen so zu mehr Erfolg, als nur so dahin gesagte Ziele. Feilen Sie an Ihren Zielen, malen Sie sich aus, wie Sie Ihre Position verbessern, wie Ihre Lebensqualität steigt. Verfeinern Sie Ihre Ziele, damit Sie diese plastisch vor Augen haben. Investieren Sie in Ihre Erfolge.

BASICS

Wohlgeformte Ziele sind:

- positiv formuliert
- konkret und präzise
- realistisch
- selbst kontrollierbar und initiierbar
- geprüft im Hinblick auf ihre Konsequenzen

Begeben Sie sich auf Zeitreise!

Wenn Sie an diesem Kapitel angelangt sind, dann haben Sie sich ernsthaft und ausführlich mit dem Thema Erfolg auseinandergesetzt. Sie haben viele verschiedene Möglichkeiten kennen gelernt, die zu Ihren ganz persönlichen Erfolgserlebnissen beitragen. Und Sie haben sicherlich schon ein gutes Gefühl dafür entwickelt, welche Einstellungen und Herangehensweisen insgesamt günstig und hilfreich für die Zielerreichung sind. Ein Rückblick kann weitere erfolgsträchtige Ressourcen mobilisieren.
Wagen Sie nun eine Zeitreise in Ihre Vergangenheit, um wertvolle Erfahrungsschätze zu bergen und für die Gestaltung einer erfolgreichen Zukunft mitzunehmen.

Lernchancen aufspüren

Setzen Sie sich in Ihr Zeitmobil und schweben Sie langsam über das Land Ihrer Vergangenheit. Betrachten Sie die Geschehnisse von oben, Monat für Monat weiter zurück in die Vergangenheit. Planen Sie ruhig die letzten fünf Jahre Ihres Lebens für die Reise ein.

Seien Sie aufmerksam und bemerken Sie die Szenen, die Sie für wichtig halten in Bezug auf das Thema Erfolg – egal ob in positivem oder negativem Sinne und egal ob in beruflicher oder privater Hinsicht.

Halten Sie an diesen Stellen das Mobil an und lassen Sie sich Zeit bei der Betrachtung und Analyse der Situationen.

1 Spüren Sie Ihre persönlichen Erfolge und Highlights auf

Welche Ereignisse, Themen, Situationen, Handlungen oder Erlebnisse in Ihrem persönlichen Leben sind für Sie positiv und erfolgreich? Was erfüllt Sie mit Freude und Stolz?
Betrachten Sie diese Abschnitte auf Ihrer Zeitreise ganz genau. Vielleicht fertigen Sie sogar ein Zeitreisetagebuch an, in dem Sie diese TOPs festhalten.

2 Genießen Sie Ihre Erfolge

Nehmen Sie sich Zeit für Ihre Highlights, lassen Sie sie noch einmal vorüberziehen und nehmen Sie alle Gefühle, die dazugehören, bewusst und intensiv wahr. Genießen Sie Ihren Stolz und Ihre Freude. Kommentieren Sie sie beifällig mit Ihrer inneren Stimme!

3 Wie kam es zu diesen Erfolgen?

Natürlich können Sie sich einfach über diese schönen Erfahrungen freuen und sie genießen. Noch mehr haben Sie davon, wenn Sie auch noch die Struktur dieser Erfolge herausfinden.

Machen Sie sich bei allem, was gut geklappt hat, Gedanken zu den folgenden Fragen:

- Warum genau habe ich dies als Erfolg oder Highlight ausgewählt?
- Was genau war mein Anteil am Gelingen?
- Was genau habe ich getan, damit ich diesen Erfolg verbuchen konnte?
- Wie genau habe ich von Anfang an darüber gedacht?
- Habe ich daran geglaubt, dass es gut klappen wird?
- Welchen Beitrag haben andere dafür geleistet?

4 Auch aus Rückschlägen und ungünstigen Situationen lernen

Sicherlich wird nicht alles auf Ihrer Zeitreise Heiter-Sonnenschein sein, sicherlich entdecken Sie auch die eine oder andere dicke Wolke oder Nebelschwade! Betrachten Sie auch diese Situationen und Erfahrungen, auf die Sie mit gemischten Gefühlen blicken, ganz genau. Verdrängen Sie diese Situationen nicht, sondern setzen Sie sich mit ihnen auseinander.

Notieren Sie auch diese – genau wie die Highlights – in Ihrem Reisetagebuch.

Überlegen Sie sich dann, wie es dazu kommen konnte. Machen Sie sich ähnliche Gedanken, wie bei den Erfolgen.

Lernchancen sind wahre Schätze!

Packen Sie alle Informationen, Erkenntnisse, Wissen, Erfahrungen und Überlegungen zu den entdeckten Lernchancen wie wertvolle Schätze in Ihr Zeitmobil und schweben Sie wieder in Richtung Gegenwart. Ihre Schätze werden Ihnen nun für die Zukunft immer zur Verfügung stehen.

Setzen Sie sich Ziele für die nächsten Monate

Berücksichtigen Sie bei Ihren Planungen all die Erkenntnisse, die Sie aus den Highlights und den problematischen Situationen gewonnen haben. Beziehen Sie sie aktiv in Ihre Überlegungen ein. Achten Sie auf die Wohlgeformtheitskriterien für Ziele und motivieren Sie sich selbst, jetzt Ihre Themen anzupacken, damit Sie noch erfolgreicher in Ihrem Beruf und Leben werden.

Schauen Sie die jeweiligen Themen noch einmal durch

Überlegen Sie sich, welches Thema in diesem Buch Ihnen locker von der Hand ging und welche Tipps und Möglichkeiten Sie bereits sehr gut in Ihren Alltag integrieren konnten. Was hat Ihnen Spaß gemacht zu verändern und zu verbessern? Welche Themen haben Sie als besonders nützlich und hilfreich erlebt? Bleiben Sie an diesen dran – entwickeln Sie sie immer weiter.

Machen Sie sich aber auch Gedanken, in welchen Bereichen Sie nicht so gut zurechtgekommen sind. Was haben Sie noch nicht so einfach umsetzen können? Was hat nicht so gut funktioniert? Das sind genau die Themen, mit denen Sie sich noch einmal näher und ausführlicher beschäftigen sollten. Finden Sie heraus, was Sie bisher abgehalten hat, sich hier zu verändern und zu verbessern, und probieren Sie immer weitere Möglichkeiten aus. Machen Sie sich selbst Mut, weiter an diesen Themen dranzubleiben – dann werden Sie mit Sicherheit bald eine positive Veränderung erleben.

Das Selbstcoaching richtig planen

Wir möchten Sie an dieser Stelle dazu ermuntern, nicht nur über die Schritte zu mehr persönlichem Erfolg zu lesen, sondern sie auch tatsächlich zu beschreiten! Nur dann geben Sie sich eine echte Chance, die gewünschten Ergebnisse schon bald erleben zu können.

Investieren Sie pro Woche (mindestens) eine Stunde für Ihr Erfolgscoaching – Sie werden sehen: Es lohnt sich! Viele, die sich bereits selbst regelmäßig coachen, halten diese Stunde für die beste Investition, die sie je machten!

Suchen Sie sich eine Zeit, zu der Sie sich ungestört Ihren Plänen widmen können. Achten Sie darauf, dass diese Stunde möglichst regelmäßig einmal wöchentlich zur selben Zeit stattfinden kann. Je mehr Routine in das Selbstcoaching kommt, desto besser wirkt es. Sorgen Sie dafür, dass Sie nicht gestört werden. Sie können die

Türe schließen und ein nettes, selbst gestaltetes „Bitte nicht stören“-Schild aufhängen.

Um möglichst effektiv arbeiten zu können, sollten Sie sich alles bereitlegen, was Sie benötigen: viel weißes Papier, bunte Stifte, ein kleines DIN-A6 Selbstcoaching-Heftchen, das Erfolgs-Coaching-Buch.

Stellen Sie sich Ihre Zukunftsthemen zusammen

Sie haben sich bereits damit auseinandergesetzt, was in der Vergangenheit besonders gut geklappt hat und was nicht so gut funktioniert hat. Nun gilt es, die Erkenntnisse daraus in Ihre zukünftigen Planungen zu integrieren. Teilen Sie als erstes alle Themen auf in „hat gut funktioniert – weiter so!“ und „hier steckt noch Potenzial drinnen!“. Überlegen Sie sich, welche Themen Sie in welcher Reihenfolge angehen möchten. Was brennt Ihnen unter den Nägeln, wo haben Sie schon viele Ideen, die Sie am liebsten sofort umsetzen würden?

Stellen Sie sich genaue Schritte zusammen und halten Sie diese schriftlich in Ihrem Selbstcoaching-Heft fest. Gehen Sie dann zu einem Thema über, mit dem Sie bisher noch nicht so zufrieden waren. Beschäftigen Sie sich nun intensiv mit den Erfahrungen und Hinweisen, die Sie aus der Vergangenheit gewonnen haben.

Richten Sie nun den Blick in die Zukunft. Malen Sie sich aus, was Sie konkret tun können, um mehr Erfolg zu haben. Wo möchten Sie wann wie und mit wem die Themen bewusst angehen? Woran können Sie erkennen, dass es Erfolg versprechend ist? Schreiben Sie Ihre Vorhaben und Pläne nieder, so wie Sie sie verwirklichen und umsetzen wollen.

BASICS

- Denken Sie an Ihre Erfolge und Misserfolge zurück.
- Überlegen Sie, was dazu geführt hat und was Sie beim nächsten Mal genauso oder ganz anders machen würden.
- Beschäftigen Sie sich regelmäßig und intensiv mit Life Coaching.
- Stecken Sie sich immer wieder neue Ziele.

Impressum

Hinweis
Die Ratschläge/Informationen in diesem Buch sind von Autoren und Verlag sorgfältig erwogen und geprüft, dennoch kann eine Garantie nicht übernommen werden. Eine Haftung der Autoren bzw. des Verlags und seiner Beauftragten für Personen-, Sach- und Vermögensschäden ist ausgeschlossen.

Über die Autoren
Iris Komarek studierte Soziologie, Psychologie, Pädagogik und Ethnologie und war anschließend viele Jahre in der Kommunikationsforschung eines großen Fernsehsenders tätig. Heute arbeitet sie als NLP-Lehrtrainerin, eTrainerin und Lerncoach.
Bert Feustel, Philosoph MA, ist seit 1989 als Management- und Kommunikationstrainer tätig. Er lernte NLP bei den Gründern und gilt als einer der renommiertesten NLP-Trainer nicht nur in Deutschland.
Gemeinsam leiten sie ein erfolgreiches Trainings- und Beratungsinstitut in München.

mindSYSTEMS! – Institut für strategische Kommunikation
Herzogstr. 83, 80796 München-Schwabing
Fon: 0049-89-3081366, Fax: 0049-89-3081306
www.mind-systems.de, E-Mail: info@mind-systems.de

Bildnachweis Erfolgscoach
Getty Images: 6 (Altrendo), 78 (Dazeley), 42 (James), 60 (Murray), (U 1) PhotoDisc/Northcut, 28 (The Image Bank/Dunwell) Bilder im Inhaltsverzeichnis aus dem Innenteil

Bildredaktion: Elisabeth Franz
Projektleitung: Sonia Naumann, Dr. Harald Kämmerer
Producing: JournalMedia, Oliver Kneidl, München
Layout: DEVOLUTION grafik design, Jürgen Kiermeier, München
Christoph Dirkes, CD design · grafik · konzept, Neuenkirchen / Hannover
Redaktion: Marion Ónodi, München
Umschlaggestaltung und Konzeption: Christian M. Weiß und R.M.E Eschlbeck / Kreuzer / Botzenhardt
Druck und Verarbeitung: Těšínská tiskárna, a.s, Český Těšín

Printed in the Czech Republic
ISBN 978-3-517-08362-9
9817 2635 4453 6271